✦ 언제나 나로 살아갈 수 있다면 ✦

✦ 나이대로 흘러가지 않고 죽는 날까지 나답게 ✦

언제나 나로 살아갈 수 있다면

김원곤 지음

청림출판

해내려고 하는 사람은
무엇도 막지 못한다

달고 긴 잠에서 깨어난 느낌이 이런 것이 아닌가 싶다.

2019년 9월 정년과 함께 본격적인 계획을 세우기 시작했고, 그 후 4년에 걸쳐 4개국을 돌며 4개 외국어에 대한 어학연수를 했다. 특별한 구속이나 외부 통제가 없는 시니어 어학연수의 특성상 자칫하면 느슨해질 수 있는데, 구체적인 자율 목표까지 세워가면서 마음을 다잡고 충실히 연수에 임했다. 스스로와의 약속을 가장 중요하게 생각했고, 결과적으로 그 약속을 모두 지켰다.

사실 4년 전에 어학연수를 시작할 당시에는 이 계획이 제대로 이루어질 수 있을지에 대한 자신이 없었다. 우선 기간이 길었다. 그리고 여행만으로도 힘들 수 있는 적지 않은 나이에 4개국을 옮겨 다니면서 각국에서 온 젊은이들과 경쟁하며 공부하자면 많은 변수가 있으리라 생각했다. 현지에서 예상하지 못한 사고나 건강상의 돌발 사태가 발생할 수도 있고, 한국에서의 급한 상황으로 중도 귀국할 가능성도 배제할 수 없었다. 그간 체력과 컨디션 관리를 위해 끈질기게 운동을 해왔는데 과연 현지에서도 제대로 할 수 있을지도 미지수였다.

걱정이 씨가 되었는지, 엄청난 돌발 상황이 앞을 가로막았다. 그것도 전혀 상상조차 못 했던 방향에서 어려움이 찾아왔다. 바로 전 세계를 한순간에 공포로 몰아넣은 코로나바이러스 사태였다. 2020년 첫 연수지인 페루에서 국가비상사태 선언으로 인한 전면 국경폐쇄로 속절없이 발이 묶인 것을 시작으로, 2021년 프랑스, 2022년 일본 연수까지 과연 이 계획이 제대로 이어질 수나 있을지 심각한 의문이 들 정도로 긴박한 상황이 계속됐다. 그나마 2023년 대만에서의 중국어 연수 때에서야 코로나바이러스 상황에 대한 걱정을 어느 정도 덜 수 있었다.

혹자는 이렇게 물을 수도 있겠다. "어차피 누가 강제적으로 기일을 정해놓은 것도 아니고 그럴 의무가 있는 것도 아닌데, 사태가 진정될 때까지 기다렸다가 천천히 진행하면 되지 않느냐?"라고. 그러나 평소 자신과 한 약속이 가장 중요하다는 것을 인생 철칙으로 삼고 생활해왔기에 한번 정한 계획은 웬만해서는 그대로 지켜나가고 싶었다. 그리고 공부에도 때가 있는 법이다. 나이를 고려한 진행 리듬으로 볼 때, 계획을 연기하지 않고 전체 틀을 그대로 유지하는 것이 무엇보다 중요하게 생각되었다.

결과적으로 지독한 공부 운이 작용했는지, 코로나바이러스 사태로 인한 각국의 입출국 규제와 각종 건강상의 장애물을 기막히게 피해 갔다. 오히려 그 덕분에 기존에 계획한 연수 기간을 늘려가며 더욱 의미있게 어학연수를 수행할 수 있었다. '전화위복'이라는 말이 이럴 때 쓰는 표현이 아닌가 싶은 생각이 들 정도였다. 운동도 다를 바 없었다. 코로나바이러스 사태로 현지 체육관들이 장기간 전면 폐쇄된 상황에서, 한국에서 준비해 간 고무밴드 하나에 의존해가며 악착같이 몸을 유지해나갔다.

지난 4년간을 생각하면 할 말이 많을 수밖에 없다. 이 책에는 그런 이야기를 정성껏 간추려 그동안의 배움과 느낌을 최대한 담고자 했다. 4년간 4개국에서 4개 외국어 연수라는 세계적으로 아직 그 누구도 시도해본 적이 없는 영역에서, 그것도 미증유의 악조건에서도 버티고 살아남은 치열한 생활 기록인 셈이다. 아무쪼록 이 글을 읽는 독자분께 어떤 의미에서든 인생의 긍정적인 자극이 되었으면 한다.

김원곤

차례

들어가며 해내려고 하는 사람은 무엇도 막지 못한다   004

1장   액티브 시니어를 넘어 파워 시니어로

나는 오늘도 어제보다 성장한다   013
늙지 않는 몸과 마음의 비결   018
외국어 공부로 얻을 수 있는 5가지   025

2장   은퇴 후에 꽃피운 외국어 공부

이 나이에 굳이 어학연수를?   033
출발 전에 한 몇 가지 결심   040
코로나바이러스도 막지 못한 지독한 공부 운   045

3장   고립 속에서도 치열함은 지치지 않는다: 리마에서의 스페인어 연수

왜 페루에서 스페인어를 배우나요?   055
수업 일주일 만에 맞은 국가비상사태   059
오프라인에서 온라인으로   063
격리 중에도 시간은 바쁘게 흐른다   066
몇 번이고 역경이 찾아와도 운동은 치열하게   069
중남미 국가에는 왜 혼혈이 많을까?   072
페루 사람들의 3가지 특징과 인종차별   076

페루의 실패와 페루를 위한 변명 082
과분한 어학연수 평가서 088
o **페루 문화 속으로** 스페인어권의 이름 짓기 093
o **페루의 맛** 리마에서 맛봐야 할 3가지 음식 096

4장 배우고 익히는 뇌는 늙지 않는다:
툴루즈에서의 프랑스어 연수

6개월 연수로 계획을 변경하다 101
대면 수업으로 시작한 어학연수 109
바라고 바라던 최상급 반으로 114
프랑스어로 시를 쓰다 117
오묘하고 괴상한 프랑스어의 세계 122
옥외 좌석 문화를 사랑하는 프랑스 128
빵을 빵이라고 부르지 못하고 132
오크어? 오크족의 언어인가요? 136
전통의 세계어, 프랑스어 연수를 마치며 141
o **프랑스 문화 속으로** 장밋빛 도시 툴루즈에 대하여 145
o **프랑스의 맛** 프랑스 툴루즈에서 맛봐야 할 3가지 음식 150

5장 꾸준함이 최고의 비결이다:
도쿄에서의 일본어 연수

새로운 마음으로 향한 도쿄 155
실수 연발에도 이뤄낸 또 한 번의 최상급반 161
꾸준한 마음과 행동이 존경을 이끈다 166
한, 중, 일 사자성어 공부 169

상상초월, 일본 사람들의 영어 발음   176

일본어를 배우기 쉬운 이유   181

○ **일본 문화 속으로** 맛과 향을 겸비한 일본 사케의 세계   187

다시 생각해본 일본   191

후회 없는 일본어 연수를 마치며   195

○ **일본 문화 속으로** 국가와 도시를 이해하며 공부하다   199

○ **일본의 맛** 일본 도쿄에서 맛봐야 할 3가지 음식   202

6장 복잡할수록 재미있다: 타이베이에서의 중국어 연수

대만을 선택한 이유   207

분반과 수업 그리고 동료 학생들   212

어디서든, 끝까지 해내려는 마음   217

중국 글자와 대만 글자가 다른 이유   221

생각보다 복잡한 대만의 언어 지도   225

일본인이 본 대만, 대만인이 본 한국   229

대만의 음주 문화   234

대만은 왜 일본에 호의적인가   239

4년간 4개국 어학연수에서 거둔 유종의 미   251

○ **대만 문화 속으로** 대만의 5가지 독특한 거리 풍경   256

○ **대만의 맛** 대만 타이베이에서 맛봐야 할 3가지 음식   260

7장 활기차고 의미 있는 생의 완성을 위하여

매일매일 잘 익어가는 사람   265

갈 길이 멀다는 것이 오히려 위로가 된다   270

1장

액티브 시니어를 넘어 파워 시니어로

파워 시니어의 삶을 실천하는 과정에서 남들의 평가는 아무런 상관이

없다. 오로지 본인의 기준으로 오늘보다 내일이 낫고 내일보다 모레는 더

나은 발전적인 삶을 지향하면서 생활하면 그만이다. 그러다 보면 그 가

치는 자기 자신뿐 아니라 물이 스며들 듯 다른 사람들의 삶에도 흘러들

어 선한 영향을 미치게 된다.

나는 오늘도
어제보다 성장한다

✦

세상은 변하고 있다. 당연한 일이다. 그런데 문제는 변화의 속도다. 예측 가능한 속도의 변화라면 미리 준비라도 할 수 있겠지만, 지금의 변화는 가히 슈퍼 태풍급을 훨씬 넘어서는 속도로 사회를 휩쓸고 있다. 알면서도 속절없이 당하고 속수무책으로 휘둘릴 수밖에 없다.

나이의 개념도 변하고 있다. 누구나 나이가 들고 장년이 되고 노인이 된다. 그런데 장년과 노인에 대한 기본적인 정의 자체가 변하고 있다. 이 또한 예상하지 못한 속도로 빠르게 변하고 있다. 어제까지 노인이었는데 하룻밤을 자고 일어나니 노인이 아니라고 한다. 장년이 되었다고 뒷짐을 지어보려고 했더니 아직 청년이라며 앞장서기를 부추긴다.

한때 노익장이라는 말이 유행했다. 나이가 많아도 젊은이 못지않게 뛰어난 역량을 발휘하는 노인을 일컫는 말인데, 중국의 역사서인 《후한서》〈마원전〉에 기술된 사실에 바탕을 두고 있다. 마원(기원전 14년~기원후 49년)은 광무제 시절의 유명한 무장이었다. 그는 평소 "대장부가 뜻을 품었으면, 궁할수록 더욱 굳세고, 늙을수록 더욱 기백이 넘쳐야 한다(丈夫爲志, 窮當益堅, 老當益壯)"라고 이야기하곤 했는데 여기에서 유래된 표현이 바로 노익장이다. 마원은 당시로는 적지 않은 나이인 63세에 사망했다. 그러나 실제 노익장이라는 말을 대중에 널리 각인시킨 인물은 후한말 삼국시대에, 촉한 유비의 휘하 무장으로 활약했던 황충(?~220년)이었다. "노장이라면 황충을 말한다"라는 표현대로 《삼국지연의》에 70대까지 전쟁터에서 무훈을 떨친 전설적 인물로 묘사되어 있다. 다만 그의 정확한 출생연도가 미상이기 때문에 노익장에 얽힌 에피소드가 역사적 사실인지 아니면 단순히 작가 나관중의 창작인지에 대해서는 이론이 많은 것도 사실이다.

옛 서양에서의 노익장 사례로는 단연 엔리코 단돌로(1107년~1205년)가 꼽힌다. 베네치아 공화국의 최고 지도자이자 제4차 십자군 원정의 주동자로 콘스탄티노플을 함락시킨 것으로 유명한 인물이다. 그의 업적 자체는 세계사적으로 평가가 크게 엇갈리지만, 의료 수준 및 위생 상태가 지금과는 비교가 되지 않을 정도로 열악했던 중세 시절에 100세에 가깝게 장수한 것만 해도 노익장의 전형으로 충분히 화제가 될 만하다.

위에서 열거한 인물들은 사실 인류 역사에 몇 되지 않는 특이한 사례다. 지나간 시대에는 여러 가지 여건상 그만큼 노익장이 탄생하기 힘들었다는 이야기도 된다. 그러나 앞서 말한 대로 시대가 변했다. 변해도 크게 변했다. 전반적인 위생, 영양, 건강 상태의 개선과 이에 따른 수명 연장으로 마치 봇물이라도 터지듯 각종 분야에서 노익장들이 속출하고 있다. 국내에서도 대학 축제에서 말춤을 정정하게 추는 90대의 여성 총장이 등장하는가 하면, 지금은 고인이 되었지만 90대까지 TV에서 〈전국노래자랑〉을 거뜬하게 이끌던 코미디언 출신 사회자도 있었다. 이제 60~70대에게는 노익장이라는 말을 붙이기조차 망설여지는 시대가 온 것이다.

이런 시대의 흐름에 맞추어 이들을 가리키는 명칭도 일찌감치 바뀌기 시작했다. 종래에 사회적으로 이미지가 부정적이었던 노老 자를 떼고 '액티브 시니어 active senior'라는 현대식 이름으로 새롭게 포장되어 사회 전면에 나타나기 시작한 것이다. 액티브 시니어는 사전적으로는 '은퇴 이후에도 하고 싶은 일을 능동적으로 찾아 도전하는 50~60대'로 정의된다. 이들은 적극적으로 여가 생활을 즐기며 문화활동에 나선다는 점에서 단순히 55세 이상이라는 나이만을 기준으로 구분 짓던 종래의 '실버세대'와는 확연히 구별된다. 우리나라의 베이비부머(1955년~1963년 출생자) 세대가 이제는 막내들까지 모두 60대가 되었으니 어느덧 액티브 시니어의 후반 주력부대를 형성하고 있는 셈이다. 이들은 적극적인 정신력에서만이 아니라 70~80년대 경제 고도 성장기를 거치면서 형성된 부동산 및 금융 자산의 힘을 바탕으로 예전과는 다른 소비활동을 보이면서 이제는 사회의 큰 물줄기 중 하나로 자리 잡아가고 있다.

그런데 물결은 처음 만들어지기가 어렵지, 일단 만들어지면 갈수록 도도해지기 마련이다. 액티브 시니어의 물결 역시 시간과 함께 더욱 거세지면서 이제는 대해를 향해 나아가고 있다. 액티브 시니어의 '액티브'라는 용어 자체가 과거 뒷방 늙은이로서 줄곧 '패시브passive'하게 생활하던 것에 대한 일종의 반작용에서 나왔다면, 이제는 학력과 건강 그리고 의욕이라는 3박자를 갖춘 상태에서 아예 앞장서서 사회의 흐름을 힘차게 주도할 수 있는 새로운 집단의 등장이 기대되고 있다. 이른바 '파워 시니어 power senior' 세대의 도래다.

파워 시니어와 액티브 시니어와의 차이는 명백하다. 액티브 시니어가 고령임에도 적극적으로 여가생활을 즐기며 문화활동에 나선다는 의미의 개념이라면, 파워 시니어에는 이런 생활패턴의 가치를 계속 추구해나가는 동시에 보다 적극적으로 긍정적 영향력을 주변에 힘차게 파급시켜나간다는 의미가 더해진다. 바꿔 말하면 액티브한 삶을 유지하거나 단순히 연장하는 데에 그치지 않고, 새로운 힘의 원천을 만들어가면서 보람 있는 삶을 재창조해나간다는 뜻이다. 나이도 50~60대 또는 60~70대로 국한할 필요가 없다. 도전의식과 의지만 뚜렷하면 80대 이상이라도 얼마든지 파워 시니어가 될 수 있다. 가치로만 따지면 더 큰 의미가 있을 것이다.

파워 시니어의 삶을 실천하는 과정에서 남들의 평가는 아무런 상관이 없다. 오로지 본인의 기준으로 오늘보다 내일이 낫고 내일보다 모레는 더 나은 발전적인 삶을 지향하면서 생활하면 그만이다. 그러다 보면 그 가치는 자기 자신뿐 아니라 물이 스며들 듯이 다른 사람들의 삶에도 흘러들어 선한 영향을 미치게 되고, 나아가서는 사회의 물줄기를 긍정적인 방향으로 바꾸는 데도 큰 도움을 줄 것이다.

늙지 않는
몸과 마음의 비결

그러면 과연 구체적으로 어떻게 사는 것이 파워 시니어의 삶인지 자연스레 궁금해진다. 사실 정해진 답은 없다. 있을 수 없다는 것이 더 정확한 대답일 것이다. 각자가 살아온 인생의 여정과 현재 처한 상황 그리고 앞으로 지향하는 인생 목표에 따라 수백 수천 가지의 길이 있을 수 있기 때문이다. 결국 중요한 것은 그 속에 일관되게 흐르는 마음가짐이며 나아가서는 정신이다. 살아갈 날이 살아온 날보다 짧을 수밖에 없는 시점에 서서, 어떻게 하면 훗날 '결코 시시하지 않은 삶을 지향했고, 그렇게 되도록 후회 없이 노력했다'라고 행복한 미소를 지으며 생을 마무리 지을 수 있을까를 고민하기만 한다면 그 자체로 이미 파워 시니어의 삶에 입문한 것이나 다름없다. 그러한 마음가짐과 정신이 있다면 나이 들어서도 얼마든지 활력을 유지하고 보람 있는 삶을 만들어나갈 수 있다.

그런데 길이 많다고는 하지만 가장 이상적인 파워 시니어의 삶은 지적 활동과 육체적 활동이 적절히 병행되는 생활이라는 원칙에는 별반 이론이 없을 것으로 생각된다. 사실 육체적으로는 이미 '60세 장년, 100세 장수' 시대가 가깝게 다가온 것처럼 보인다. 실제 자기 나이보다 5년, 10년씩 젊어 보이는 노인이 너무 흔해졌고 마라톤이나 철인 3종 같은 힘든 경기를 완주하거나 젊은이 뺨치는 근육미를 뽐내는 노인도 속출하고 있다. 그러나 흥미로운 것은 이렇게 육체적이고 외형적인 측면에서의 변화와는 달리 외국어 공부 등 머리를 쓰는 분야에서는 여전히 이렇다 할 파워 시니어의 출현이 드물다는 사실이다.

이런 '지적 파워 시니어'의 가뭄 현상에 대해서는 여러 가지 해석이 가능하겠지만 나는 무엇보다도 인간의 유전자적 특성과 연관하여 설명하고 싶다. 우리가 몸을 움직이는 데에 관여하는 유전자는 인류 탄생의 순간부터 원초적으로 내재된 가장 본능적이고 자연스러운 것이지만, 머리를 써서 애써 외우고 공부하는 데 필요한 유전자는 인류가 진화를 거듭하면서 비교적 뒤늦게 합류했다. 결국 공부 관련 유전자는 몸 관련 유전자에 비해 내재화가 덜 되어 있을 수밖에 없고, 이 때문에 나이가 들면 상대적으로 쉽게 우리로부터 이탈하게 되는 것이다. 이런 현상은 특히 사고력보다 암기력의 급격한 저하에서 두드러지게 나타나는데, 문제는 어학 공부에서는 이 암기력이 결정적인 역할을 한다는 것이다. 사실 어학 공부에서 인생의 경륜이나 깊은 사색의 힘 등은 아무런 역할을 하지 못한다는 것은 주지의 사실이다.

바로 이런 점 때문에 오늘날 도처에서 목격되는 많은 '꽃중년'과 '청년 노인'이 정작 어학 공부에 있어서만큼은 "이렇게 늦은 나이에 공부라니!?"라면서 지레 포기하고 만다. 그렇다면 이를 해결할 방법이 과연 있을까? 지금 정답을 정확하게 알기는 어렵지만 해결책은 어느 정도 밝혀져 있다. 바로 뇌의 기능을 나이 들어서도 제대로 유지하려면 역설적으로 뇌를 피곤하게 만들어야 한다는 것이다.

'슈퍼 에이저 _superager_'라는 용어가 있다. 우리나라에서는 '슈퍼 노인'으로 번역되기도 한다. 이 표현은 비교적 최근인 2007년 미국 노스웨스턴대학교의 신경과 의사인 마르셀 므술람 _Marsel Mesulam_이 처음 사용했는데, 80세 이상의 나이에도 몇십 년 더 젊은 중장년층 못지않은 기억력과 인지기능을 지닌 사람을 일컫는다. 그런데 2016년 리사 펠드먼 배럿 _Lisa Feldman Barrett_ 등이 이끄는 미국 하버드대학교 부설 매사추세츠 종합병원 연구진이 슈퍼 에이저 개념을 일반적인 은퇴 연령인 60세 이상의 노인으로 확대해 새로운 각도에서 분석한 흥미로운 연구 결과가 뇌신경과학 분야

국제학술지인 〈저널 오브 뉴로사이언스 *Journal of Neroscience* 〉에 발표되었다.

연구진은 60~80세 사이의 노인 40명으로 구성된 그룹과 18~32세 사이의 건강한 젊은이로 구성된 41명 그룹 사이의 기억력을 비교했다. 40명의 나이 든 그룹에는 각각 슈퍼 에이저에 해당하는 열일곱 명과 일반 범주의 스물세 명이 포함되어 있었다. 연구진은 이들에게 열여섯 개의 명사 단어 목록을 여섯 번 읽고나서 20분 후에, 각자 기억할 수 있는 최대한의 단어를 말하게 했다. 일반 노인은 아홉 개 이하의 단어만 기억하는 데 비해 슈퍼에이저 그룹은 열네 개 이상의 단어를 기억해냈다. 이런 슈퍼 에이저 그룹의 기억력을 다시 젊은이 그룹과 비교하니 거의 같은 성적이 나왔다.

그 후 MRI 뇌영상을 촬영해 각 그룹을 비교 분석했다. 분석 결과, 기억력과 학습에 관여하는 대뇌피질 영역이 슈퍼 에이저들은 일반 노인들에 비해 현저히 두터웠으며 건강한 젊은이들과 비교해도 뒤지지 않을 정도였다. 사람의 기억력은 보통 30대에 정점에 도달한 뒤 그 후 점점 감소하는 것으로 알려져 있다. 노화에 따른 관련 두뇌 조직의 위축 때문이다. 그러나 슈퍼 에이저 그룹에서는 이런 위축 현상이 관찰되지 않기 때문에 젊은이 못지않은 기억력과 인지능력을 유지할 수 있다는 것이다.

연구진은 이들 슈퍼 에이저들의 생활 습관을 연구했는데, 한

결같이 정신적·육체적 한계를 넘어서는 활동에 스스로를 몰아넣는 습관과 의지를 지닌 것으로 파악됐다. 연구진은 슈퍼 에이저들의 끊임없는 도전적 활동 참여가 위축될 뻔한 대뇌의 중요 영역을 활성화하는 역할을 했다고 결론지었다.

이런 분석 결과를 바탕으로 배럿 교수는 다음과 같이 슈퍼 에이저가 되기 위한 구체적인 방법 세 가지를 제시했다. 첫째는 수행하기 쉽지 않은 과제에 규칙적으로 열심히 도전해나가는 것이다. 과제에는 여러 가지가 있을 수 있는데, 외국어 공부가 가장 대표적이다. 이때 중요한 점은 설렁설렁 재미 삼아 하는 과제가 아니라 스트레스를 받을 정도의 힘든 과제여야 한다는 것이다. 연구진은 스도쿠를 예로 들며 이런 정도의 두뇌활동은 도움이 되지 않는다고 강조했다. 결국 많은 사람이 즐기고 있는 각종 컴퓨터 게임은 물론 고스톱도 슈퍼 에이저의 길과는 아무런 관련이 없다는 뜻이 된다. 두 번째는 육체적인 운동을 하는 것이다. 이 역시 힘들다는 느낌이 들 정도로 높은 강도의 운동을 지속하는 것이 포인트다. 이런 운동과 두뇌 활성 유지와의 상관관계는 과학적으로 상당 정도 확인된 사실이지만, 정확한 작용 기전은 아직 밝혀지지 않고 있다. 세 번째이자 마지막은 건강한 식생활과 함께 충분한 수면을 취하는 것이다. 이 점에 대해서는 특별히 설명할 필요가 없을 것으로 생각된다.

결국 기억과 인지활동에 관련된 두뇌 영역을 젊었을 때처럼 활발하게 유지할 수 있는 최선의 방법은, '정신적이든, 육체적이든 무엇인가 힘든 과제를 꾸준히 수행하는 것'이다. 문제는 이 두 뇌 영역의 또 다른 기능 때문에 힘든 활동을 많이 하면 피곤이나 좌절 등의 불쾌한 감정이 함께 생긴다는 것이다. 일상생활에서 어려운 수학 문제를 풀거나 한계에 가깝게 육체적 활동을 할 때 생기는 느낌 말이다. 이런 느낌 때문에 우리는 도전을 이어가지 못하고 쉽게 포기하게 된다. 슈퍼 에이저가 되는 길이 어려운 까닭이 바로 여기에 있다.

여기서 배럿 교수는 재미있는 비유를 하나 든다. 바로 "슈퍼 에이저는 해병대와 같다"라는 표현이다. 미 해병대에는 '고통은 나약함이 몸을 빠져나가는 현상_Pain is weakness leaving the body_'이라는 구호가 있는데, 신병 모집에 사용하면서 대중에도 널리 알려졌다고 한다. 배럿 교수는 이 구호를 인용하면서 격렬한 지적·육체적 활동은 심신의 피곤함 같은 불편감을 일으키지만 참고 견디면 그 대가로 기억력과 집중력이라는 정신적 근육을 키울 수 있다고 강조한다.

지금까지 슈퍼 에이저에 대해 다소 장황하게 설명했지만, 결국 슈퍼 에이저는 파워 시니어와 일맥상통하는 개념이라고 볼 수 있다. 사실 나이가 50대냐 60대냐, 아니면 70~80대냐 하는 것은 드러난 산술적 숫자상의 차이일 뿐이고, 실제 중요한 것은 그 속을 흐르는 정신일 수밖에 없다. 나이가 들어도 의기소침하지 않고 끊임없는 자기 단련을 통해서 젊은이 못지않은 정신과 활력을 유지하는 것, 그것이야말로 진정한 슈퍼 에이저이자 파워 시니어의 존재 가치이기 때문이다.

외국어 공부로
얻을 수 있는 5가지

앞서도 이야기했지만 슈퍼 에이저가 되는 길 가운데 가장 대표적인 것이 외국어 공부다. 파워 시니어도 마찬가지일 것이다. 그런데 파워 시니어나 슈퍼 에이저가 되기 위해 힘든 어학 공부를 한다는 게 그 뜻과 이상은 좋아도 현실적으로는 너무 막연하고 공허한 목표일 수 있다. 아무리 이론이 그럴듯해도 미래의 계획이 중요한 젊은이가 아닌 다음에야, 나이가 웬만큼 든 사람에게 힘든 공부를 시작하거나 계속해야 할 가치가 있는지에 대해서 답을 줄 수 없기 때문이다. 즉 뚜렷한 동기부여가 되지 못한다. 외국어 공부가 구체적이고 실용적인 목표 없는, 소일거리에 지나지 않는다면 들이는 노력과 시간 그리고 비용에 대한 가성비를 진지하게 생각해보지 않을 수 없다. 이상은 멀고 막연하지만, 현실은 가깝고 실제적이기 때문이다. 그런 의미에서 나이 들어서 하는 외국어 공부를 통해 얻을 수 있는 이점들을 구체적으로 한번 살펴보기로 하자.

1. 노년 생활의 활력이 된다

"나이가 들어가면서 하루하루가 따분하고 도대체 재미가 없다." "점점 산다는 것에 의미를 찾기 힘들어진다." "앞으로 남은 긴 세월을 어떻게 보내야 할지 모르겠다." 이런 식의 좌절감과 한탄을 종종 듣는다. 외국어 공부는 이런 노년 생활의 나태함, 무료함을 일시에 해결해줄 수 있다. 시작하는 순간 새로운 배움에 대해 긍정적 전율을 느낄 것이며, 계속하는 동안 매일매일 즐거운 긴장감을 경험하게 될 것이다. 그리고 그 과정을 통해 조금씩 발전하는 자신의 모습을 본다면 말로 표현할 수 없는 생의 활력이 솟아난다.

2. 자신감을 갖게 해준다

매사에 자신감은 정말 중요하다. 자신감을 잃으면 우울해지고 우울해지면 각종 정신적·육체적 질병에 걸리기 쉬워진다. 특히 노년에는 그렇지 않아도 육체적 쇠퇴에 따른 상실감이 큰데, 정신적 자신감마저 잃어버리면 그야말로 날개 없이 추락하게 된다. 바로 이럴 때 외국어 공부는 자신감 회복에 큰 도움이 될 수 있다. "나도 외국어를 잘할 수 있다" "나도 아직 새로운 도전을 할 수 있다." "나에게도 여전히 공부할 수 있는 지적 능력이 있다." 어떤가! 생각만 해도 자신감이 불끈 솟아나지 않는가!

3. 인문학적 지식의 보고를 얻는다

외국어 공부는 기계처럼 돌아가는 메마른 현대 사회에서 삶을 매끄럽게 만들어주는 인문학적 사고와 지식의 보고 역할을 할 수 있다. 어떻게 생각하면 철학, 문학, 역사 등을 직접 공부하는 것보다 더 풍부하고 더 다양한 인문학적 지식을 공급받을 수도 있다. 외국어 공부를 하는 동안 그 나라의 언어를 통해 다른 문화와 생활 방식 그리고 역사 등을 배우는 기회가 자연스럽게 마련되기 때문이다.

4. 해외여행의 즐거움을 더해준다

외국어를 잘하지 못해도 해외여행을 얼마든지 할 수 있는 시대다. 편안하게 패키지여행을 이용할 수도 있고, 자동번역기와 보디랭귀지로 무장하고 자유여행에 도전해볼 수도 있다. 그러나 '아는 만큼 보인다'라는 유명한 표현대로, 해당 국가의 언어를 이해하면서 하는 여행만큼 진정한 즐거움과 가치 있는 경험을 얻지는 못할 것이다. 현지 언어를 알고 떠날수록 현장이 더 많이 보이고 더 많이 들리고 더 많이 느껴지기 때문이다.

5. 치매 예방에 도움을 줄 수 있다

마지막 이유로 들고는 있지만, 그 중요성에 있어서만은 시니어 계층에게 가장 솔깃하고 큰 동기부여가 되는 이유가 아닐 수 없다. '치매 예방을 위해 고스톱을 친다'는 핑계까지 있는 판에 우아하고 품격 있으면서 보람도 남다른 외국어 공부를 통해 치매까지 예방할 수 있다면 가히 금상첨화일 것이다. 다만 최근 많은 관련 연구가 외국어 공부의 치매 예방 효과에 대해 긍정적인 결과를 내놓고는 있지만, 여전히 불확실한 부분이 많은 것도 사실이다.

결론적으로 말하자면, 나이 들어 외국어 공부에 새롭게 도전해서 끈질기게 이어나가기만 한다면 앞서 열거한 다양한 즐거움을 누릴 수 있을뿐더러 이른바 파워 시니어로 가는 길목에서 중요한 문턱을 이미 넘어선 것이나 다름없다. 파워 시니어라는 단어에서 흔히 연상되는 육체적 활동에 더해, 지적인 파워까지 겸한 진정한 파워 시니어로의 여정이 시작되는 셈이다.

그런 의미에서 앞으로 이 책에서 전할 이야기는 파워 시니어로 가는 수많은 길 가운데 하나의 길을 지치지 않고 꾸준히 걸어온 나의 경험담이 될 것이다. 독특하다면 독특하고 남다르다면 남

다를 수 있는 이야기지만, 많은 분이 인생 후반기를 보다 힘 있고 보다 활력 있게 살아가는 데 조금이나마 도움이 되었으면 하는 바람이다. 평생을 의과대학 교수로 살다가 70을 바라보는 나이에 4년 동안 학생 신분으로 4개국을 돌며 어학연수를 하게 된 것이 마치 운명처럼 여겨졌듯이, 이 책을 읽는 독자분과도 어떤 운명적인 끈이 있을지 그 누가 알겠는가!

2장

은퇴 후에 꽃피운
외국어 공부

배우고 있는 일본어, 중국어, 프랑스어, 스페인어를 어느 수준으로 적절히 유지하는 선에서 만족하면 어떨까 하는 생각도 해보았다. 그러나 그것은 불가능한 일이었다. 외국어 공부는 잔인해서, 오로지 진전이 아니면 퇴보가 있을 뿐이지 한 지점에 편안하게 머물러 있게 내버려두지 않았기 때문이다. 그렇지만 어떤 경우에도 한때 외국어를 배웠다는 추억만 남기기는 싫었다.

이 나이에 굳이
어학연수를?

사는 동안 시험을 위한 목적을 제외하고는 외국어에 대한 특별한 관심은 없었다. 특히 제2외국어라면 누구나 가질 수 있는 흘러가는 호기심이 있었을 뿐, 그 속에 뛰어들 그 어떤 이유도 동기도 없었다. 평생을 의과대학 교수로 지내면서 영어만 제대로 하면 그것으로 이미 필요하고도 충분한 조건을 갖춘 셈이었다.

그런데 2003년 어느 봄날, 장차 개인적인 운명의 큰 전환점이 될 생각 하나가 마치 나비같이 살포시 마음 한곳에 내려앉았다. '이제 우리 나이로 50이 됐는데 더 늦기 전에 외국어를 하나 더 배워두면 보람도 있고 훗날 어딘가에라도 도움이 되지 않을까?' 그즈음 대학과 병원에서도 어느덧 시니어 그룹에 속해 개인적인 시간 활용이 이전보다 쉬워졌다. 그래서 이런저런 궁리 끝에 당시 존재 가치도 잘 몰랐던 스페인어와 어려운 발음으로 유명한 프랑스어와 중국어는 일찌감치 제쳐두고, 그나마 만만하게 여겨졌던 일본어를 배워보자고 결심했다. 지리적으로도 이웃 나라라서 배운 후에 활용도도 무척 높을 것이라는 기대감도 컸다. 그리고 그해 6월 마침내 학원에 등록하면서 일본어 공부의 첫발을 내디뎠다.

사실상 그것으로 끝이 나야 할 계획이었다. 일본어 이외의 제2외국어 공부는 그 어떤 가상 계획에도 들어 있지 않았다. 그런데 일본어 공부를 시작한 지 2년 후인 2005년, 일본어가 어느 정도 익숙해지자 문득 특유의 호기심이 발동하면서 '한자 문화권의 종주국인 중국어까지 공부해서 한·중·일 3국의 언어를 비교할 수 있는 능력을 갖춘다면 얼마나 멋질까' 하는 다소 치기 어린 생각이 스쳤다. 그리고 어쩌다 보니 그 생각을 실제 실행에 옮겼다. 그 이후에도 이미 던져진 운명의 주사위는 관성의 힘으로 두 번 더 굴러갔다. 2006년에는 당시 좋아하던 프랑스 와인의 상표라도 한 번 제대로 읽어보자는 단순한 욕심으로 프랑스어 공부에 뛰어들었고, 그 이듬해인 2007년에는 발음이 쉽다는 소문에 혹했다가 마침 프랑스어 학원 앞에 새롭게 스페인어 학원이 들어서는 것을 보고 이를 운명의 계시로 착각하고 스페인어 공부를 마지막으로 추가했다.

　냉정하게 이야기하자면 사실 공부는 누구든지 얼마든지 시작할 수 있다. 시작으로만 따지자면 20~30개인들 개인 이력에 추가하지 못할 이유가 있겠는가? 결국 문제는 배운 것을 어떻게 유지하느냐 하는 것이었다. 외국어 공부를 시작할 당시만 해도 오늘날처럼 학습 방법이 다양하지 못했기 때문에 4개 외국어 모두를 돌아가면서 학원에 다니는 방식으로 공부를 해나갔다. 그러다 보니 주말 오전에 배운 프랑스어가 오후의 스페인어 강의실에서 툭 튀어나오기도 했다. 같은 한자를 놓고 한국식, 일본식, 중국식으로 읽어야 할 때 생기는 혼선도 만만치 않은 어려움이었다. 사서 고생도 이런 사서 고생이 없었다. 현실적인 이익이 있는 것도 아니고 그렇다고 특별한 장래 계획도 있는 것도 아닌 상황에서 거의 매일 일정 시간을 외국어 공부에 할애해야 한다는 것은 그야말로 바로 옆에 아름다운 산책길을 놓아두고 스스로 가시밭길을 선택해 걷는 것과 다름없었다.

　배우고 있는 일본어, 중국어, 프랑스어, 스페인어를 어느 수준으로 적절히 유지하는 선에서 만족하면 어떨까 하는 생각도 해보았다. 그러나 그것은 불가능한 일이었다. 외국어 공부는 잔인해서, 오로지 진전이 아니면 퇴보가 있을 뿐이지 한 지점에 편안하게 머물러 있게 내버려두지 않았기 때문이다. 그렇지만 어떤 경우에도 한때 외국어를 배웠다는 추억만 남기기는 싫었다. 결국 비빌 수 있는 마지막 언덕은 개인적인 끈기뿐이었다. 짧지 않은 인생을 살며 고무줄이 탱탱해질 정도로 작은 일탈은 수없이 해왔지만 정작 고무줄을 끊어버리는 일탈은 해본 적이 없다. 단적으로 초, 중, 고 12년 연속 개근상의 이력이 그것을 증명해준다. 대학에도 개근상 제도가 있었다면 수상 이력이 이어졌을 것이다. 개근상에는 어떤 사소한 편법도 있을 수가 없다. 이런 뚝심을 느지막이 시작한 외국어에 쏟았다.

그러는 동안, 공부에 자극을 주기 위해 자진해서 '학습동기 유발'도 해보았다. 외국어 능력 자격증이 아무런 필요가 없는데도, 자원해서 자격시험을 치른 것이다. 이왕이면 목표를 크게 잡기로 하고, 1년 안에 3개월 간격으로 각각 중국어, 일본어, 프랑스어, 스페인어 고급 자격시험에 도전해 모두 합격하겠다는, 제정신으로는 생각하기 어려운 계획을 세웠다. 더구나 정확하게 같은 기간에 보디 프로필에도 도전해 개인 화보를 목표로 몸만들기에 돌입했다. 다이어트하느라 밤늦은 시간에 주린 배를 움켜잡고 학원에서 젊은 학생들과 같이 시험 대비 강의를 듣던 때를 생각하면 지금도 어찔어찔하다. 어쨌든 우여곡절 끝에 결과적으로 2011년 3월 중국어 HSK 6급 합격, 7월 일본어 JLPT N1 합격, 11월 프랑스어 DELF B1 합격, 마지막으로 2012년 5월 스페인어 DELE B2 합격을 기적같이 성공적으로 이루어냈다. 이 가운데 중국어와 일본어는 최상위 레벨이고 스페인어와 프랑스어는 비록 최상위 수준은 아니지만, 결코 낮은 수준도 아니다. 물론 몸을 만들어 개인 화보를 찍는다는 약속도 지켰다.

그리고 2019년 8월 마침내 정년을 맞이했다. 제2외국어 공부의 관점에서만 본다면 처음으로 일본어를 공부한 시점으로부터 만 16년, 일본어, 중국어, 프랑스어, 스페인어 4개 외국어를 동시에 공부하기 시작한 시점으로부터는 만 12년의 세월이 흐른 셈이었다. 무엇보다도 이런 긴 기간 동안 포기하지 않고 공부를 이어왔다는 것이 뿌듯했다. 그런데 정년 3년 전쯤인 어느 날 아내가 문득 한마디를 던졌다.

"3년 후에 정년 퇴임하면 어학연수를 한번 해보는 것은 어때요?"

뒤늦게 시작한 어학 공부에 대한 남편의 열정을 평소 옆에서 지켜보면서 생각한 '남편에게 주는 퇴임 기념 선물'이라고 했다. 당시만 해도 아직 시간이 꽤 남은 데다 생각 밖의 전격적 제의라 웃으면서 "천천히 시간을 갖고 조금 더 생각해봅시다"라고 대답했다.

그런데 시간이 갈수록 이상할 정도로 어학연수에 마음이 끌리기 시작했다. 사실 우리 시대의 사람들이 다 그랬던 것처럼 당시 학창시절에는 어학연수라는 개념 자체가 없었다. 물론 정년퇴임 전에 16년간 제2외국어를 취미로 공부하는 동안에도 이론적으로야 갈 수 있었겠지만, 바쁜 일상에 매인 사람으로서 현실적으로는 불가능한 일이었다. 그런데 만약 정년 후의 여유 시간을 활용해 어학연수를 떠난다면, 짧지 않았던 어학 공부 여정에서 그야말로 유종의 미를 거두는 일이고 그동안의 노력에 체면을 세워주는 일이라고 여겨졌다.

결심이 서자 그다음에는 구체적인 세부 계획 수립으로 넘어갔다. 생각 끝에 2019년 8월 정년퇴임 후 반년간의 준비를 거친 뒤 삼삼한(?) 과정을 반복한다는 계획을 세웠다. 즉 2020년 3, 4, 5월, 3개월 동안 스페인어 어학연수를 한 뒤 귀국하여 6, 7, 8월, 3개월간 국내에서 재충전하고 다시 프랑스어 어학연수를 9, 10, 11월, 3개월간 떠난다는 계획이었다. 그다음 계획도 비슷했다. 프랑스어 연수 후 다시 귀국하여 국내에서 2020년 12월, 2021년 1월, 2월, 3개월간을 재충전 기간으로 지낸 후 이번에는 중국으로 출발한다. 중국에서 역시 2021년 3, 4, 5월, 3개월간을 공부한 뒤 6, 7, 8월 국내 재충전 그리고 마지막으로 그해 9, 10, 11월에 일본에서 어학연수의 대장정을 마무리한 뒤 귀국한다는 것이었다. 그리고 이렇게 세운 계획을 2019년 8월 말에 있었던 서울의대 정년퇴임식장에서 퇴임사를 빌려 공개적으로 천명했다(이 계획은 훗날 코로나바이러스 사태로, 4년 계획으로 연장 변경되었다).

당연히 많은 난관이 있으리라 예상했다. 우선 각종 행정적인 절차의 번거로움과 4개국을 순서대로 돌아다녀야 하는 까다로움 그리고 나이에 따른 어쩔 수 없는 신체적 문제도 고려해야 했다.

어학연수의 특성상 몰입을 위해 아내를 동반하지 않고 홀로 장기간 외국에서 생활해야 한다는 것도 쉽지 않게 생각되었다. 그중에서도 가장 어려운 점은 연수 대상인 4개국어를 어떻게 동시에 유지해나가느냐 하는 것이었다. 예를 들어 스페인어권에 가서도 오로지 스페인어 공부에만 몰입할 수는 없었다. 왜냐하면 곧 이어질 프랑스어, 중국어, 일본어 연수를 대비해 스페인어권 현지에 가서도 틈틈이 관련 공부를 해야 하기 때문이다. 마찬가지 논리로, 스페인어 연수를 마치고 프랑스에 갔다고 해서 이미 배운 스페인어를 내팽개칠 수는 없을 것이다. 애써 궤도에 올려놓은 스페인어가 빠른 속도로 망각의 구렁텅이로 낙하할 수 있기 때문이었다. 그러나 이 모든 어려움과 번거로움이 있기 때문에 오히려 도전의 가치가 있다고 생각했다. 그렇게 2020년 3월 2일 스페인어 연수를 위해 페루를 향해 출국하면서 대장정이 마침내 시작되었다.

출발 전에 한
몇 가지 결심

실패담이 성공담보다 인기를 끄는 경우가 있다. 남이 실패한 이야기는 묘한 카타르시스를 주는 동시에 장래에 있을지도 모를 자신의 실패에 심리적 안전장치를 제공해주기 때문이다. 어학연수의 영역에서도 많은 실패담을 쉽게 만날 수 있다. 시니어가 도전하는 어학연수에서는 더 말할 것도 없다. 사업이나 연구개발 영역이면 몰라도, 어학연수에서의 실패담이라면 그 효용이 명확하다. 앞선 남의 실패를 교훈으로 삼기보다는 남의 실패를 자신이 최선을 다하지 않는 좋은 구실로 삼는 것이다. 실패의 이유에는 여러 가지가 있을 수 있지만 본질은 간단하다. 준비가 부족한 탓이며, 설사 애초의 준비나 계획이 훌륭하더라도 이를 지켜나갈 실천의지가 부족하기 때문이다. 이런 의미에서 개인적으로 4개국 어학연수를 계획하면서 목표는 확고했다. 그렇지 않아도 넘쳐흐르는 수많은 실패담에 또 하나의 실패담을 추가하고 싶지는 않다는 것이었다. 그러기 위해서 출발 전에 스스로 몇 가지 약속을 했다.

어학원에서 최상급 반에 진입하겠다

어떤 일을 추진할 때는 크든 작든 목표가 있어야 한다. 외부에서 따로 목표를 부여하지 않으면 스스로라도 만들어야 한다. 정해진 목표의 존재만큼 확실한 동기부여가 되는 것도 없기 때문이다. 다만 그 목표는 구체적이고 객관적이어야 한다. 어학연수의 경우 '열심히 하겠다', '처음 시작할 때보다 발전된 모습을 보여주겠다'와 같은 목표는 너무 막연하다. '현지인들과 어느 정도 대화가 될 정도로 하겠다' 등도 객관적인 기준이 되기는 어렵다. 이렇게 목표가 명확하지 못하면 목표를 이루는 과정도 덩달아 느슨해지기 마련이다.

그런 의미에서 나는 '해당(현지) 어학원 내에 개설된 최상급 반에 진입하여 공부하겠다'라는 목표를 세웠다. 어학원 내의 고급반은 본인이 희망한다고 해서 마음대로 들어갈 수가 없다. 담당 선생님들의 냉정한 평가와 여러 차례에 걸친 다양한 시험 성적으로 결정된다. 그런 만큼 가장 객관적이고 뚜렷한 목표일 수밖에 없다. 물론 계획한 4개 외국어 연수 모두에서 이 기준을 달성하려면 어려움이 클 수밖에 없지만, 이왕이면 목표를 높게 잡고 싶었다. 10을 지향하면 적어도 7, 8은 이루지 않겠느냐는 생각이었다.

결석은커녕 단 한 번의 지각조차 하지 않겠다

세상에는 적당히 요령을 피워도 큰 문제가 되지 않는 일이 있고, 요령을 피워서는 이룰 수 없는 일도 있다. 외국어 공부는 후자에 속한다. 개인의 특성에 맞추어 공부 방법을 변화시킬 수는 있지만, 꾀를 부리거나 편법을 동원해서는 바라는 성과를 거둘 수 없다. 오로지 성실하게 하루하루 공부해나가는 것밖에 뾰족한 수가 없다. 이런 성실도의 척도가 바로 출석률이라고 생각했다. 어학원을 다니다 보면 종종 결석하는 사람이 보이기 마련이다. 상습적인 지각생도 있다. 학교의 정규교육 과정도 아닌데 그럴 수도 있지 싶겠지만, 모든 성패는 이런 사소한 태도의 차이에서 비롯된다고 믿었다.

어학연수 기간에는 1박 이상의 주변 여행은 하지 않겠다

'지각 없는 100% 출석'과 맥을 같이하는 결심이다. 공부하러 온 것이지 여행을 하러 온 것은 아니기 때문이다. 며칠 이상이 걸리는 주변 여행은 어학연수 시작 전이나 끝난 후 그리고 학기 사이에 보통 주어지는 일주일 가까운 방학에 얼마든지 할 수 있다.

수업을 빼먹으면서까지 여행을 하는 것은 이해하기 어렵다. 여행 때문에 빠지는 산술적인 날짜 자체가 중요한 것이 아니다. 앞서도 이야기한 것처럼 모든 공부의 성패는 본인의 정신력과 사소한 마음가짐의 차이에서 비롯되기 때문이다.

블로그에 매일 글 하나씩을 포스팅하겠다

개인적으로 운용하고 있는 블로그가 있다. 현역 시절에는 아무래도 포스팅을 규칙적으로 하기 어려워서 한동안 방치하다시피 한 적도 있다. 그렇지만 이번 어학연수를 계기로 매일 하나씩 글을 올리겠다고 결심했다. 하루하루를 글로 정리하면서 마음을 새롭게 다잡는다는 의미도 있었고, 한국에 있는 지인들에게 소식도 전할 겸 무언의 소통을 한다는 뜻도 있었다. 물론 훗날 책으로 만들 때를 대비한 기본자료 수집의 의미도 적지 않았다. 그런데 출발 전에 이런 계획을 어느 지인에게 이야기하니까 "뜻은 알겠는데 막상 하려고 하면 무척 어려울 것이다"라고 다소 회의적인 반응을 보였다. 그 지인이 어떤 의도로 말했는지는 충분히 이해가 되었지만, 그럴수록 실행 의지가 더 굳어졌다.

운동을 게을리 하지 않겠다

운동을 통한 몸 관리는 내가 짧지 않은 세월 지속해온 습관이다. 어학연수 중에는 공부의 효율을 위해서라도 적당한 체력을 유지해야 하고 그러기 위해서라도 규칙적인 운동이 더욱 필요하다고 생각했다. 그래서 처음 숙소를 고를 때도 운동시설의 유무가 중요한 선택조건 가운데 하나였다. 결과적으로 코로나바이러스 사태라는 초대형 악재가 생기면서 모든 사전준비가 순식간에 물거품이 됐지만, 그런 악조건 속에서도 악착같이 운동을 계속해나갔다. 그 구체적인 과정은 앞으로 자세히 소개하도록 하겠다.

코로나바이러스도
막지 못한 지독한 공부 운

4개국 어학연수 계획을 세우면서 사실 걱정이 적지 않았다. 혹시 비슷한 전례가 있으면 참고해보려고 인터넷으로 열심히 검색도 해봤지만, 아예 찾아지질 않았다. 적지 않은 나이에 여행도 아니고 4개국을 돌아다니면서 젊은이들과 치열하게 경쟁해야 하는 공부를 성공적으로 해낼 수 있을까, 하는 근본적인 의문이 들 때도 있었다. 갑자기 병이 날 수도 있고 그 외의 여러 가지 돌발 사태가 생길 수도 있다. 아니나 다를까, 고비는 아주 일찌감치 그것도 가장 강력한 형태로 마치 '이래도 해볼 테냐?'라고 나를 시험하면서 놀리듯 덮쳐왔다. 바로 코로나바이러스 사태였다. 그야말로 인간의 능력으로는 상상할 수 없는 돌발 사태였다. "인류의 역사는 BC *Before COVID-19* 와 AC *After COVID-19* 두 시기로 나뉜다"라는 당시 유행했던 표현이 전혀 과장으로 느껴지지 않았다. 결과적으로, 미증유의 코로나 사태가 시작되고 그 정점을 지나 이윽고 진정될 때까지의 기간에 어찌저찌 맞물려가며 진행한 4년간의 어학연수는 지독한 공부 운이 작용했는지 일정에 맞추어 무사히 마칠 수 있었다.

2020년 페루

2020년 3월 2일 첫 어학연수지인 페루 리마로 출국하기 위해 인천공항으로 향할 때까지만 해도 그 후 사태가 그렇게까지 최악으로 전개될 줄은 전혀 짐작하지 못했다. 당시만 해도 어수선한 국내 상황에 비해 중남미 지역은 코로나 청정지역으로 인식되었다. 내가 페루로 어학연수를 간다고 했을 때 주위에서는 코로나바이러스에서 벗어나 안전한 곳으로 피신을 한다고 부러워하는 사람도 적지 않았다. 그러다가 출발 직전에 남미에서도 환자가 발생하기 시작하면서 한국인에 대해 입국 검역심사를 강화하겠다는 발표가 났다. 당연히 마음이 가벼울 수 없었다.

가장 걱정되었던 것은 가벼운 감기 증상으로 자칫 코로나바이러스 보균자로 오해받는 상황이었다(코로나바이러스에 대한 직접 검사가 이루어지지 않을 때였다). 입국 자체가 좌절되면 어학연수의 대장정이 출발선에서부터 무너지는 셈이었다. 그래서 출발 며칠 전부터는 최대한 보온에 애를 쓰면서 미열이라도 생기지 않게 조심했다. 또 기침이라도 해서 의심을 받을까 염려되어 목캔디도 준비했다. 기내에서조차도 담요를 덮고 최대한 보온에 신경을 썼다.

우여곡절 끝에 페루에 무사히 입국한 후에는 이제 어학연수를 가로막는 장애물이 없을 것으로 생각하고 큰 안도의 한숨을 내쉬었다. 그러나 그로부터 불과 일주일 후에 육해공 국경 전면폐쇄라는 초강경 비상조치가 발표될 줄은 꿈에도 생각하지 못했다. "페루에 마치 슬라이딩하듯이 아슬아슬하게 들어갔다"라고 한 지인이 표현했듯이, 이때 일주일만 늦었어도 수년간에 걸친 어학연수는 그 첫 단추조차 채우지 못했을 것이다.

2021년 프랑스

두 번째 여정이었던 2021년 초의 프랑스 어학연수는 아예 출발 준비부터가 문제였다. 그렇지 않아도 당시 유럽은 잠시 수그러들었던 코로나바이러스가 재유행으로 기승을 부릴 때였는데, 설상가상으로 변이 바이러스까지 출현해 상황이 더욱 나빠지고 있었다. 프랑스의 상황도 마찬가지였다. 프랑스 정부는 야간통금 시행과 식당, 카페 등 다중 이용시설의 영업 제한 등으로도 기대했던 효과가 나타나지 않자, 2021년 1월 18일부터는 한국을 포함한 비EU 국가의 입국자를 대상으로 출국 72시간 안에 실시한 PCR 음성 결과를 제시할 것과 입국 후 7일간 자가격리 준수 서

약, 7일 경과 후 PCR 검사 재실시 방침을 발표했다.

그런데 이런 추가 조처로도 큰 효과가 나지 않자 1월 30일에는 '1. 31(일) 0시부터 EU 비회원국 및 프랑스 사이의 모든 입출국 금지, 입국 시 전원 PCR 테스트 음성 결과 제출 의무화'를 골자로 한 강화된 지침이 발표되었다. 비록 프랑스 국내에서의 사회 격리는 없었지만, 한국과 같은 비EU 국가에 대해서는 긴박한 동기를 제외하고는 아예 입출국을 금지하겠다는, 국경 봉쇄령과 마찬가지인 조처였다. 정말 다행스럽게도 그 후 '어학연수 비자 발부'도 긴박한 동기에 포함될 수 있다는 행정적 해석이 나왔다. 그러나 사회격리를 유보하고 있는 프랑스의 방역 상황이 매우 유동적이고 불안정했기 때문에, 결국 어학연수 시작 시점을 일단 3월 29일(4월 수업 시작일)에서 5월 3일(5월 수업 시작일)로 한 달 늦추고, 추후 상황 변화를 매일 초조하게 지켜봤다.

그런 가운데 2월이 지날 때까지 일일 발생 환자 수는 2~3만 명 사이에서 불안정한 정체 상태를 보였다. 더는 비자 발급을 미룰 수 없다고 결심을 굳히고 3월 초에 강남 소재 프랑스 유학원을 통해 현지 어학원에 5월 3일 월요일부터 시작하는 20주간의 수업에 대한 비용을 내는 것을 시작으로 본격적인 행정 절차에 들어갔다. 마지막으로 남은 관문은 출발 72시간 내의 코로나바이러스 검사 음성 결과지였다. 당시 검사에 대한 스트레스가 이만저만이 아니었다. 일상생활에서 상당한 주의를 기울였다고는 하나 장담할 수 있는 건 아무것도 없었다. 검사 결과가 양성이 나오는 상황을 가정하니 그야말로 끔찍했다. 애써 짜놓은 어학연수 계획은 엉망이 될 테고 그에 따른 여러 가지 손해는 생각하기도 싫었다. 이윽고 한 대학병원에서 검체를 채취한 뒤, 몇 시간 후 핸드폰으로 전달된 음성이라는 결과를 보고는 그간 쌓였던 스트레스가 일시에 풀리는 기분이었다. 그리고 드디어 4월 24일, 파리를 경유해 다음 날 연수 도시인 툴루즈에 무사히 도착했다. 코로나바이러스의 절정기에서 맞이한 두 번째 어학연수 여정에도 큰 운이 따라준 셈이었다.

2022년 일본

2021년 10월 초, 프랑스에서의 어학연수를 무사히 끝내고 귀국해서 바로 2022년 중국어 연수 준비에 착수했다. 그러나 구체적으로 알아보니 당시 중국은 이른바 '제로 코로나' 정책으로 엄격한 입국 관리를 하고 있어서 제대로 된 어학연수가 불가능했다.

궁리 끝에 일본 연수를 앞당기자는 생각이 떠올랐다. 일본은 한때 방역 후진국이라는 비아냥을 받을 정도로 발생 환자가 급증하다가 2021년 도쿄올림픽이 끝난 9월 말부터는 신규 확진자 수가 현저히 감소하고 있었다. 그러자 10월 1일부터 도쿄를 비롯한 전국 열아홉 개 지역에 발령한 '긴급사태' 등을 모두 해제했는데, 약 6개월 만의 큰 변화였다. 그 후에도 환자가 줄어들자 11월 8일부터는 비즈니스 목적 입국과 함께 유학생 비자를 재개한다고 공식 발표했다. 나도 일본 전문 유학원을 통해 2022년 4월 초 수업 시작을 목표로 행정 절차를 진행했다. 그사이 일본의 일일 환자 발생 수는 100명 이하일 때도 있을 만큼 계속 감소했다. 모든 상황이 순조로웠고 어떤 문제도 생길 여지가 없어 보였다.

그런데 웬 이름도 이상한 '오미크론 변이종'이라는 것이 수상쩍게 뉴스에 등장하더니 급기야 11월 29일에 다시 외국인 전면 입국금지 조처가 시행되고 말았다. 입국 제한이 풀린 지 불과 3주 만의 일이었다. 일본 국내에서는 발 빠른 선제적 조처로 평가되기도 했지만 준비에 여념이 없던 입장에서는 날벼락이었다. 그 후에는 속수무책으로 일본의 상황 변화를 지켜볼 수밖에 없었다. 원래 연수 계획은 4월 학기에 맞추어 3월 말에 출국하는 것이었으나 2월 말까지 국경이 폐쇄된 상황이었기 때문에, 실행 가능성이 낮아 보였다. 그러던 것이 이번에도 천만다행으로 3월 1일부터 전격적으로 유학생과 비즈니스 업무에 대한 입국을 다시 허용한다는 발표가 나왔다.

다만 그동안 워낙 많은 유학 대기자가 정체되어 있었기 때문에 발표대로 하루에 허용되는 정원을 정해두고 입국을 시키면 언제 차례가 될지 모를 상황이었다. 결과적으로 또 한 번의 운이 따랐는지, 일정에 맞춰 비자도 순조롭게 받았고 항공편 예약도 문제없이 진행되었다. 그런데 이번에도 마지막 남은 고비는 PCR 검사였다. 당시 한국에서는 2022년 3월에 오미크론 변이종이 대유행의 정점으로 치달으며 하루에 60만 명이 넘는 확진자가 생기는가 하면, 30~40만 명 발생은 일상사였다. 인터넷 사이트에서는 양성 진단으로 부득이 일본 입국을 연기했다는 안타까운 사연이 연일 소개되었다. 긴장되지 않을 수 없었다. 결국 이번에도 다행히 음성 판정을 받아, 거의 2년 동안 외국인 입국을 금지했던 일본에서도 일정에 어긋나지 않게 일본어 연수를 시작하게 되었다.

2023년 대만

중국어 연수를 위해 2023년 2월 26일 대만으로 출발할 때는 코로나 사태에 관해서는 그나마 가장 여유가 있었다. 세계적으로 코로나바이러스 사태가 진정 기미를 보이자 대만도 2022년 9월 29일부터 한국, 일본 등 코로나 이전의 무비자 입국 대상 국가에 대해서 자가격리를 조건으로 전면 개방을 해놓은 상태였다. 직전까지 비즈니스 및 어학연수 목적으로 비자를 발급받은 외국인만 받아들인 것에 비해서는 큰 변화였다. 그리고 이어서 또 다른 긍정적인 조치가 시행되었다. 10월 13일부터 모든 입국자를 대상으로 자가격리를 해제한다는 내용이었다. 입국 전 PCR 검사는 이미 없어진 상태였기 때문에 코로나에 대한 제한은 사실상 없어진 것이나 다름이 없었다. 그 후 대만 입국 시 나누어 주던 자가진단 키트마저 아예 없어지면서 코로나바이러스에 관해서는 가장 여유 있게 연수에 임할 수 있었다.

3장

고립 속에서도
치열함은 지치지 않는다
리마에서의 스페인어 연수

그 후로도 가능하면 현지 표현을 사용해보려고 계속 노력했다. 슈퍼에서도 맥주cerveza가 어디 있는지 빤히 알면서도, 지나가는 종업원에게 첼라chela가 어디 있느냐고 묻기도 했다. 어학원 선생님들도 내가 '이런 아보카도!(창피스럽다는 모디스모)', '이런 파인애플!(운이 없다는 모디스모)' 등의 표현을 불쑥 꺼낼 때마다 환한 웃음으로 반응해주었다.

왜 페루에서
스페인어를 배우나요?

현재 세계에서 5억에 가까운 인구가 스페인어를 모국어로 사용하고 있다고 한다. 사용 인구수만 봐도 이론의 여지 없는 주요 국제어 가운데 하나지만, 유엔 공용어로서도 영어, 프랑스어, 러시아어, 아랍어, 중국어와 함께 어깨를 나란히 하고 있다. 현재 스페인어를 단독 공용어로 사용하고 있는 국가는 모두 21개국인데, 스페인 본토와 아프리카의 적도기니를 제외하면 나머지 19개국이 모두 중남미에 몰려 있다. 중미와 인근 카리브해에서는 인구 대국 멕시코를 필두로 과테말라, 니카라과, 도미니카 공화국, 엘살바도르, 온두라스, 코스타리카, 쿠바, 파나마, 푸에르토리코를 포함하여 모두 10개국이 있다. 남미에는 베네수엘라, 볼리비아, 아르헨티나, 에콰도르, 우루과이, 칠레, 콜롬비아, 파라과이, 페루의 9개국이 있다.

스페인어를 모국어로 사용하는 국가가 이렇게 많다는 것은 어학연수지를 정할 때 그만큼 선택의 폭이 넓다는 뜻이지만, 실제는 안전이나 생활 환경 등의 문제로 대상으로 삼을 만한 국가가 그렇게 많지는 않다. 그 와중에 페루를 최종적으로 선택한 것은 다음과 같은 이유에서였다.

첫 번째 이유는 스페인어가 가지고 있는 역사적 특징에 있다. 스페인어가 오늘날 주요 국제어로서 인정받고 있는 것은 오늘날 스페인이라는 나라가 정치적·경제적으로 특별한 힘을 가지고 있어서가 아니라, 과거 영광의 대항해 시절에 진출했던 아메리카 대륙의 식민지 덕분에 그 위상을 유지하고 있다고 볼 수 있다. 이런 관점에서 현재의 스페인어를 가치 있게 만들고 있는 중남미에서 어학연수를 받고 싶었고, 한편으로는 스페인어가 아메리카 대륙으로 진출하면서 겪은 언어의 변천 과정도 직접 경험해보고 싶었다.

두 번째는 많은 라틴아메리카 국가 중에서 이왕이면 잉카문명의 중심지에서 스페인어를 배워보고 싶었다. 잉카는 과거 아메리카 대륙에서 최대의 영토와 세력을 확보했던 제국적 국가였지만 정복자 피사로가 이끄는 불과 수백 명의 스페인 점령군에게 철

저하게 유린당한 뼈아픈 역사를 겪었다. 오늘날의 페루가 바로 그 역사의 현장인 셈이다. 평소 역사에 관심이 많은 나에게는 이런 의미에서라도 페루가 스페인어 어학연수에 안성맞춤의 장소가 아닐 수 없었다.

세 번째는 스페인어 연수 후 바로 다음에 계획된 프랑스어 연수와 연결해서 고려했다. 프랑스어 연수는 어차피 프랑스 이외에 마땅한 대안이 없는 상황인데, 만일 스페인어 연수를 스페인에서 하면 서로 국경이 붙어 있는 인접 국가에서 연수를 이어간다는 것이 그다지 매력적으로 다가오지 않았다. 언어 공부에는 어차피 문화와 사회 체험이 수반되기 마련인데, 이왕이면 완전히 다른 환경을 접하는 것이 더 흥미롭고 효율적이리라고 생각한 것이다.

어떤 어학원에서 어떻게 공부할까

페루로 연수지를 정하고 나서, 출발 예정일을 6개월 정도 앞둔 2019년 10월경에 현지 어학원 선정에 착수했다. 국내에 이런 제반 과정을 대행해주는 이른바 유학원이라는 곳이 다수 있었지만 혼자서 알아보는 쪽을 선택했다. 사실 요즘은 인터넷이라는 편리한 수단이 있어서 약간의 시간과 노력만 투자하면 자신의 조건에 맞는 어학원을 찾는 것이 그렇게 어려운 일은 아니었다. 처음에는

3개월 어학연수를 계획했기 때문에 비자 문제는 전혀 고려하지 않았다. 그렇게 해서, 수도 리마의 중심지이자 치안상으로도 안전하다고 알려진 미라플로레스구(區)에 있는 '페루와이나'라는 이름의 어학원과 접촉하기 시작했다.

과거 치렀던 '스페인어 능력 시험(DELE B2)' 합격 성적을 근거로 홈페이지를 통해 고급반 수강을 신청했다. 그런데 이틀 후 어학원에서 온 메일은 조금 뜻밖이었다. 고급반은 강좌가 개설되어 있기는 하지만, 수준에 맞는 학생들이 많지 않아 실제 개강은 어려울 것이라고 했다. 페루로 공부하러 오는 학생들의 특성상 대부분 초·중급 수준이라는 설명이었다. 어쨌든 일단 온라인 평가시험을 통해 레벨이 고급반에 해당한다는 것이 확인되자, 상의를 거쳐 결국 주 20시간(하루 네 시간)으로 1:1 개인 수업을 받는 것으로 결정했다. 단, 수업 시작 전 구두 테스트를 통해 최종적인 레벨 확인을 하겠다는 조건이 붙었다.

수업 일주일 만에 맞은
국가비상사태

✦

2020년 3월 8일 아침 8시 반, 구두 테스트 겸 인터뷰를 위해 미라
플로레스구 중심가의 한 고층 건물 6층에 있는 어학원을 찾아갔
다. 그리고 파브리시오라는 이름의 중년 남자 선생과 만나서, 학
습 동기와 개인적 배경 등을 화제로 10분 정도 이야기를 나누었
다. 인터뷰를 끝내자마자 바로 에리카라는 여선생이 수업을 담당
할 것이라고 알려주었다. 내친김에 사무실에서 수강료 계산을 했
는데 시간당 40솔로, 당시 환율로 계산하면 한화로 1만 4,000원
정도였다. 1:1 개인 수업임을 고려하면 저렴하다는 느낌이 들
었다.

9시에 시작된 수업은 1:1 개인 수업인 만큼 긴장을 풀 수 있는 시간이 없는 반면, 공부 효율성은 확실히 도드라졌다. 20대 후반 쯤으로 보이는 강사는 나이에 비해 수업 방식이 꽤 노련해 보였다. 일단 나에게 질문을 던진 뒤 연관된 이야기를 이어가는 형식이었는데, 아무래도 첫날인지라 개인 신상에 관한 이야기가 많았다. 그러다가 내가 한 말 중에 잘못된 것이 있으면 칠판에 적어가며 그때그때 바로 지적해주었다. 수업 내용도 만족스러웠고, 무엇보다도 10분간의 중간 휴식 시간 이외에는 네 시간 동안 쉴 새 없이 대화를 나누니 회화의 갈증이 절로 해소되었다.

　　그런데 페루에서는 내가 리마에 도착하기 이틀 전인 3월 6일에 코로나바이러스 첫 환자가 발생했다. 그러다가 3월 11일 수업 전에는 닷새 사이에 어느덧 환자가 아홉 명으로 늘어나 국민의 불안감이 크게 높아진 상태였다. 거리에 마스크를 쓴 사람이 보이는 상황까지는 아니었는데, 그날 수업을 마치고 인터넷으로 검색하니 그새 환자 수가 열한 명이 되어 있었다. 그래도 그때만 해도 이 적은 숫자가 훗날 엄청난 국가적 재앙이 되고, 나의 어학연수 계획에도 막대한 지장을 초래하리라고는 감히 상상조차 못 했다.

　　리마에서의 어학원 생활이 일주일을 지날 때였다. 한국에서의 코로나바이러스 스트레스에서 벗어나 안정된 분위기 속에서 공부를 이어나갈 수 있을 거라고 생각했는데, 난데없이 그날(3월 15일, 일요일) 오후에 국가비상사태가 선포되었다. 코로나바이러스

확산 방지가 목적이었고 15일 동안 이어질 예정이라고 했다. 한때는 코로나바이러스 청정지역으로까지 소문이 났던 페루인데, 3월 15일 하루 사이에 스물여덟 명의 환자가 발생해 누계 환자 수가 71명이 되어 있었다. 사실 객관적인 수치만 놓고 보면, 당시 다른 나라에 비하면 여전히 얼마 안 되는 환자 수였다. 그런데 선제적으로 대응한다는 명분을 내세워, 아메리카 대륙에서는 처음으로 대통령이 국가비상사태를 전격 선포한 것이었다. 비상 조처가 처음 시행될 때는 현지 여론의 호응도 아주 높았다.

그리고 다음 날인 3월 16일 월요일부터 육해공 모든 국경이 폐쇄되고 전 국민을 대상으로 강제 사회적 격리가 시행되었다. 비상사태 기간에는 병원과 식품점 및 약국 그리고 금융 관련 시설을 제외하고는 모든 상점이 문을 닫고 국내 지역 간을 연결하는 각종 교통수단도 완전히 차단되었다. 슈퍼에서는 벌써 일부 품목에 대한 사재기가 벌어지고 있었다. 비상사태가 과연 예정했던 15일로 끝날 수 있는 것인지, 아니면 그 후 얼마나 연장될지 전혀 예측할 수 없는 것도 불안 심리를 더욱 부추겼다.

어차피 3개월 체류를 예정하고 왔기 때문에 당장 긴박하게 출국해야 할 고민은 없었지만, 문제는 어학연수였다. 비상사태 기간 중 학원은 당연히 문을 닫을 수밖에 없을 텐데, 그러면 그동안 어학 공부는 어떻게 진행될까 걱정이 됐다. 이역만리 페루까지 비상사태 훈련을 하러 온 것은 아니지 않는가!

어쨌든 일요일 발표 이후 이런저런 생각으로 밤새 뒤척이다 다음 날인 월요일(3월 16일) 아침, 학원으로 수업 시간에 맞추어 찾아갔다. 가는 길목마다 군인들이 총을 들고 자리를 잡기 시작하고 있었지만, 그때까지만 해도 마지막 정리 기회를 주기 위해서인지 통행만은 자유로웠다. 학원에도 수습을 위해 모든 직원이 나와 있었다. 나를 보자마자 기다렸다는 듯이, 그렇지 않아도 온라인 강좌로 대체할 방법을 준비해놓고 있었다고 했다. 대학에 평생 몸담고 있었다고는 하나 아날로그 세대에 가까운 편인 나로서는 온라인 수업이라는 것이 생소할 수밖에 없었지만 받아들이는 것 외에 달리 대안이 없었다. 그렇게 해서 그날 처음 들어본 '스카이프'라는 화상 프로그램을 어학원 스태프의 도움을 받아 노트북에 깐 뒤, 담당 강사와 화상 테스트까지 마치고 나서야 심리적으로 어느 정도 안정된 가운데 숙소로 돌아왔다. 마음속으로는 비상사태가 될 수 있는 한 빨리 끝났으면 하는 바람뿐이었다.

오프라인에서
온라인으로

다음 날인 3월 17일 화요일부터 바로 온라인 수업이 시작되었다. 이전에 온라인 수업을 경험해본 적이 없어, 시작 전에는 약간 반신반의했는데 막상 해보니 기대 이상이었다. 물론 대면 수업의 현장감에 비할 수는 없겠지만 본인이 잘만 활용하면 대면 수업의 아쉬움을 거의 메꿀 수 있겠다는 생각이 들 정도였다. 특히 1:1 개인 수업은 특별한 문제점을 거의 느낄 수 없었다. 강사는 첫 두 시간을 담당하는 원래의 선생님은 고정된 상태에서, 나머지 두 시간은 계속 교체가 되어 모두 다섯 명에게서 수업을 받았는데 다양성 측면에서 공부에 많은 도움이 되었다. 유일하게 불편한 점이라면,

그렇지 않아도 좋지 않은 페루의 인터넷 인프라 상황에서 국가비상사태로 인해 연일 사용량이 폭증하는 바람에 온라인 연결이 원활하지 않을 때가 많았다는 것이다.

규칙적인 외출은 식료품 등 생필품을 사러 나갈 때만 허용되었다. 시내 곳곳에 군인들이 큰 도로마다 바리케이드를 치고 총을 들고 일일이 통행 차량을 검문하고 있었다. 비상사태 규정상 운행이 허락된 차인지를 살펴보는 것이었다. 경찰도 총출동한 듯 보였다. 거리의 모든 상점은 병원, 은행, 식료품 관련 상점을 제외하고는 모두 문을 닫아 그야말로 적막강산이었다. 이런 광경을 언제 다시 볼 수 있을까 싶었다.

텔레비전에서는 연일 코로나바이러스 환자 수 변동과 함께 비상사태로 인한 사회적 격리 현황에 대한 보도가 이어졌다. 페루는 한마디로 가난한 나라다. 당연히 사회 기반시설이 매우 취약할 수밖에 없었다. 그나마 그동안은 간신히 유지되던 위태로운 줄타기 같은 삶의 기반이 코로나바이러스 사태를 계기로 완전히 추락하면서 그 적나라한 취약점을 여과 없이 드러내고 있었다.

우선 감염과 싸우며 최일선에서 고군분투하는 의료진의 문제가 심각했다. 병상과 시설 문제는 차치하더라도 마스크 같은 기본 장비를 포함한 의료진 보호장비가 턱없이 부족했기 때문이다. 당연히 의료진 감염과 희생자가 속출할 수밖에 없었다. 어떤 병원의 의료진들이 "나는 죽기 싫다"라는 플래카드를 들고 시위를 벌이는 모습이 텔레비전으로 방영될 정도였다. 병원의 수용 능력에도 한계가 있다 보니 병원 앞에서 수십 명이 밤을 새워가며 진료 순서를 기다리는 모습도 비추어졌다. 심지어 국가가 경영하는 대형 병원에서도 산소가 부족해 환자가 개인적으로 산소통을 사서 입원해야 하는 충격적인 상황이 벌어지고 있었다.

코로나바이러스는 비단 의료 현장뿐 아니라 일상생활에서도 서민층의 삶을 극한으로 몰아가고 있었다. 갑자기 국가비상사태가 선언되면서 도시 사이의 이동이 전면 금지되다 보니, 수도인 리마에서 졸지에 일자리를 잃고 셋방에서도 쫓겨난 이주 노동자들이 마지막 수단인 그들의 고향으로 돌아갈 방법마저 잃고 말았다. 이들이 출신지별로 수백 명씩 집단을 이루어 리마 시내 거리 곳곳에서 임시 천막이나 종이 상자에 몸을 의지하고 지내는 모습이 연일 방영되었고, 일부는 무리 지어 고향까지 수백 킬로미터 이상 되는 거리를 하염없이 걸어서 이동하기도 했다.

비록 외국인이고 잠시 머물다 떠날 이방인 입장이었지만, 사회 시스템이 제대로 갖춰지지 않은 가난한 나라의 비참한 모습을 보면서 여러 가지 복잡한 생각이 들어 착잡했다. '만일 코로나바이러스 사태가 50~60년 전쯤 우리나라에서 발생했다면…'

격리 중에도
시간은 바쁘게 흐른다

2주 예정으로 발표한 처음의 국가비상사태는 그 후 계속 연장되었다. 그것도 처음에는 2주 단위로 연장되다가 나중에는 한 달도 훌쩍 넘는 기간으로 통 크게 연장되기 시작했다. 3월 16일에 공식적으로 시작한 국가비상사태는 그해 가을에 내가 귀국하기 직전인 10월 30일까지만 해도 9차 연장을 거듭하면서 비상사태 기간만으로도 세계 최장이라는 불명예를 기록했다. 이렇게 일상생활을 희생했음에도 발생 환자 수와 사망자 수에 대한 성적은 호전은커녕 갈수록 참담해져가고 있었다.

우울한 외부 상황과 관계없이 개인적으로는 하루하루를 충실하게 그리고 숨이 가쁠 정도로 바쁘게 보냈다. 일단 아침에 일찍 일어났다. 보통 5시쯤 일어나 식사를 간단히 해결하고는 운동을 했다. 아파트 체육관은 이미 폐쇄되고 집 앞의 산책로와 작은 공원마저 이용이 금지되면서, 궁즉통으로 한국에서 준비해 온 비상용 운동밴드를 이용하여 숙소에서 TV를 보면서 운동하는 방법에 적응해가기 시작했다. 오랜 운동 경험으로 각종 지형지물을 이용해 근육에 자극을 주는 방법에 어느 정도 숙련이 되어 있었기에 가능한 방법이었다. 그렇게 30~40분 정도의 운동을 마치고 샤워까지 하고 나면 근육이 팽팽해지고 기분은 어느덧 상쾌해졌다.

그리고 아침 9시부터는 하루 중 가장 중요한 일과인 온라인 수업이 오후 1시까지 네 시간 동안 이어졌다. 매일 두 명의 강사가 교대하는데, 바뀔 때 10분의 휴식 시간을 제외하면 1:1로 계속 대화가 이어진다. 수업 효율이 높은 만큼 스트레스도 만만찮았다. 수업 주제도 반 이상은 능동적으로 정해야 했기 때문에 후반에 가서는 소재가 떨어져 고민할 정도였다.

어쨌든 일단 수업이 끝나고 가볍게 점심을 해결하면 하루 중 가장 즐거운 시간이 기다리고 있다. 먹을거리 및 생필품을 사기 위해 슈퍼에 가는 일정이다. 숙소에서 도보 20분 전후의 거리에 무려 아홉 개의 슈퍼와 두 개의 재래시장이 있었다. 각각 상품 종류가 달랐기 때문에 과정 자체가 꽤 재미있었다. 그런데 정작 장을 보러 가는 길이 신났던 이유는 가는 길의 풍경에 있었다. 그렇지 않아도 훌륭한 산책로인데 인적까지 드무니 금상첨화였다. 리마는 날씨가 정말 좋았다. 절로 콧노래가 나올 정도로 맑은 공기와 쾌적한 기온 그리고 산들산들 미풍까지 얼굴을 간질이니 비록 마스크를 쓰고 있었지만 더할 수 없는 행복감을 느끼곤 했다. 40년 이상을 리마에 산 한 교민이 날씨 때문에 여기 눌러앉았다는데 공연한 말이 아니었다. 내가 리마에서 생활할 때는 제대로 큰 비 한번 온 적이 없다. 그런데도 전혀 건조하지 않고 식물은 푸르렀다. 자연만 보자면 리마는 가히 천혜의 조건이었다.

그렇게 한 시간 반 정도 장을 보고 숙소로 돌아오면, 다음 연수 준비를 위해 프랑스어, 중국어, 일본어 공부를 간단히 했다. 그러고는 각종 집필 작업과 자료조사를 했다. 그러다 보면 어느덧 저녁이었는데, 저녁 식사를 마치고 나면 또 하나의 즐거운 시간이 찾아온다. 하루를 정리한다는 핑계로 즐기는 음주 시간이다. 운동 못지않은 오랜 경력의 음주 경험을 동원해 칵테일을 자가 제조해가며 다양한 종류의 술을 숙소에서 한껏 즐겼다. 당시 야간통금이 8시부터였지만 사실 한국에서 페루 연수를 준비할 때도 비교적 이른 시간에 취침했기 때문에 생활패턴에 아무런 불편이 없었다. 오히려 처음에는 숙소가 대로변에 있어 새벽까지 계속되는 자동차와 오토바이 소음이 꽤 신경에 거슬렸는데, 국가비상사태 이후에는 주위가 완전히 절간이니 적당한 취기까지 빌려 항상 숙면을 했다.

몇 번이고 역경이 찾아와도
운동은 치열하게

어쩌다 보니 몸짱 의사, 몸짱 교수, 몸짱 시니어 등으로 꽤 소문이 나 있다. 그런데 소문에 걸맞은 몸을 유지하기란 그리 간단한 일이 아니다. 생계와도 관계없고 별반 재미도 없는 힘든 근육운동을 지속한다는 것은 상당한 인내와 끈기를 요구하는 일이기 때문이다. 어쨌든 그동안 외국에 나갈 일이 있을 때마다 숙소를 선정하며 항상 피트니스센터의 존재를 우선순위로 꼽았는데, 이번 페루 어학연수에서도 당연히 체육관*gimnasio*(힘나시오)의 존재 여부가 검색 필터링에서 높은 순위를 차지했다. 그렇게 애써 숙소를 선정한 뒤 실제 현지에 와서 확인하니 과연 기대에 크게 어긋나지 않았다. 아파트형 숙소의 주민을 위한 시설이었는데, 규모는 크지 않았지만 웬만한 운동기구는 다 갖추고 있었다. 무엇보다도 이용객이 별로 없어서 편안하게 운동을 즐길 수 있다는 장점이 컸다.

그런데 아파트 힘나시오를 즐긴 지 불과 일주일도 되지 않아 국가비상사태가 전격적으로 선언되면서 모든 운동시설이 폐쇄되었다. 난감한 상황이었지만 이가 없으면 잇몸이라고 차선책을 마련할 수밖에 없었다. 다행히 나에게는 혹시라도 벌어질 이런 종류의 불상사를 대비해서 항상 준비해두고 있는 마지막 무기가 하나 있었다. 바로 운동용 강력 고무밴드다. 제대로 된 운동기구에 비할 바는 아니지만 이런 비상 상황에서는 꽤 요긴하다.

처음에는 숙소 바로 앞에 있는 큰길인 아레키파 대로 중앙의 산책로 벤치와 가로수를 이용했다. 그간의 운동 경험으로 중요 근육의 효과적인 자극 포인트를 잘 알고 있었기 때문에 훌륭한 대안이 되어주었다. 게다가 상쾌한 새벽 공기는 즐거운 덤이었다. 그러던 중 리마의 새벽 날씨가 점점 추워지기 시작했다(페루는 우리나라와 계절이 정반대다). 더구나 강제 사회격리 단속이 점점 강화되면서 순찰하는 경찰들의 잦은 간섭도 문제였다. 그래서 겸사겸사 운동 장소를 바꾸어 실내에서 의자와 옷장의 옷걸이 지지대를 활용해 운동을 하기 시작했다. 춥지도 않고 주위의 눈치를 살필 필요도 없는 데다, 운동 중에 TV를 틀어놓고 스페인어 청취 훈련을 겸할 수 있다는 장점도 있었다.

그런데 얼마나 열심히 고무밴드를 당겼는지 5월 어느 날 운동 중에 고무밴드가 날카로운 소리를 내면서 두 조각으로 끊어지고 말았다. 살 때 가장 고강도로 주문한 말레이시아산 강력 고무밴드인지라 끊어지리라고는 생각도 못 했다. 어쩔 수 없이 한동안 짧아진 상태로 운동을 계속했는데 약해진 부분이 있었는지 또 한 번 끊어지고 말았다. 부득이 운동용으로 쓰기 어려운 한 조각은 버리고 그나마 상태가 나은 두 조각을 활용해 운동을 계속했다.

그러던 중 5월 말부터 강제 사회격리 조처가 일부 완화되어 야외 개인 운동이 공식적으로 허용되었다. 모처럼 찾아온 기회를 놓치기 싫어 옷을 차려입고 숙소 인근의 작은 공원에 설치된 간이 운동기구들을 활용해 운동을 하기 시작했다. 과연 공원의 신선한 공기는 실내와는 비견할 수 없었다. 기분 탓인지 운동 효과도 한결 나은 것 같았다. 그런데 6월에도 운동밴드의 수난은 계속되었다. 남은 두 조각이 세 조각이 되고 세 조각은 다시 네 조각이 되었다. 이미 버린 조각까지 계산하면 결국 다섯 조각이 난 셈이었다.

혹자는 물을지도 모른다. "만일 그때 운동이 아예 불가능할 정도로 밴드가 더 끊어졌으면 어떡하느냐"고. 만일 그랬다면 당연히 또 다른 방법을 찾아 운동을 계속해나갔을 것이다. 옛말에 '서툰 목수가 연장 탓 한다'라는 말이 있다. 노련한 목수는 좋은 연장을 탐하지만 나쁜 연장 때문에 결코 일을 망치지도 않는다. 세상만사는 결국 사람의 의지가 좌우하는 것 아니겠는가!

중남미 국가에는
왜 혼혈이 많을까?

페루는 다인종 국가다. 여느 중남미 국가와 마찬가지로 거리를 거닐다 보면 다양한 모습의 인종을 만나게 된다. 내가 체류하는 동안에도 외국인 입국이 배제된 상태에서 백인, 원주민, 혼혈인 등 각종 혈통의 주민들을 거리에서 만났다. 페루의 경우 위키피디아의 자료에 의하면, 원주민이 인구의 34%, 백인이 23%를 차지하는데, 혼혈은 무려 40%의 인구 점유율을 보인다. 이 중 백인과 흑인 사이의 혼혈인 물라토는 2%에 지나지 않고 대부분인 38%는 백인과 원주민과의 혼혈인 메스티소이다.

1492년 콜럼버스가 아메리카 대륙을 발견한 후 스페인을 필두로 포르투갈, 영국, 프랑스 등의 유럽 열강이 경쟁적으로 식민지 경영에 뛰어들었다. 그 결과 오늘날 아메리카 대륙에는 중남미의 스페인어권 국가, 미국과 캐나다의 영어권 국가, 포르투갈어 국가인 브라질 그리고 비록 국가는 아니지만 캐나다 퀘벡주 및 남미 프랑스령 기아나의 프랑스어권 지역이 존재하게 되었다. 남미의 소국 수리남이 예외적으로 네덜란드어권이긴 하지만 그 영향력은 아주 미미하다고 볼 수 있다.

그런데 이런 열강의 신대륙 침략과 관련하여 떠오르는 의문이 하나 있다. '스페인과 포르투갈 지배 지역에서는 원주민과의 혼혈이 많은데 영국과 프랑스 지배 지역에서는 왜 혼혈이 적을까?' 하는 것이다. 혹자는 반농담조로 스페인 사람들의 약간은 무절제하면서도 열정적이고 저돌적인 성격이 한몫했을 것이라고 말하는데 과연 그럴까? 스페인과 영국을 대표적인 예로 삼아 구체적으로 살펴보자.

목적의 차이

스페인은 아메리카 대륙에 진출하면서 가장 큰 목적을 '식민지의 스페인화'에 두었다. 당시 스페인 정복자들의 눈에는 신대륙이 아프리카와는 달리 질병도 적고 자연환경도 살기에 나무랄 데 없는 최적의 땅으로 보였기 때문이다. 그렇기에 자연스럽게 현지인과의 접촉이 빈번해질 수밖에 없었다. 반면 영국의 경우는 사업적인 측면에서 식민지 경영에 접근했다. 당시 아메리카 대륙에서의 영국의 우선순위는 최대한의 경제적 이익을 얻는 것이었다. 따라서 원주민에 대해서는 분리 정책이 주를 이루었고, 남녀 사이의 접촉도 최소화될 수밖에 없었다.

지역의 차이

당시 스페인 점령 지역은 신대륙의 인구밀집 지역으로, 잉카, 마야, 아즈텍 등 모두가 제국을 이룰 정도로 인구가 많은 국가들이었다. 이 때문에 정복자와 원주민 사이의 접촉 확률이 높을 수밖에 없었다. 물론 스페인의 침범과 함께 들어온 유럽형 질병인 천연두 등의 전염병 때문에 당시 8,000만여 명으로 추산되던 신대륙의 인구 가운데 90% 정도가 약 100년에 걸쳐 사망한 것으로 알려져 있지만, 이들 지역에는 워낙 기본 인구가 많았기 때문에 다수의 혼혈이 만들어지는 대세를 거를 수는 없었다. 이에 비해 영국 점령 지역의 원주민은 대부분 원시적인 '수렵, 채집인' 범주에 속했다. 숫자도 상대적으로 적었고 정착생활을 하지 않았기 때문에 그만큼 정복자들과 거리가 생길 수밖에 없었다.

시기의 차이

스페인 사람들이 처음 아메리카 대륙에 진출했을 때는 유럽에서 그곳까지의 여행이 매우 위험하고 불확실한 요소가 많았다. 따라서 원정대는 남성으로만 이루어졌고, 이런 남녀 성비의 완전한 불균형이 필연적으로 현지에서 원주민과의 접촉으로 이어졌다. 반면 영국의 경우는 상황이 크게 달랐다. 영국인이 스페인보다 약 1세기 정도 늦게 본격적으로 신대륙에 발을 디뎠을 때는 유럽에서 신대륙으로의 항해기술이 상당히 자리를 잡은 터였다. 이 때문에 당시 영국 이주자들의 상당수는 아메리카 대륙에서 함께할 여성을 데리고 올 수 있었다.

문화의 차이

스페인은 로마의 영향을 오롯이 받은 전형적인 라틴 국가로, 과거 로마제국이 점령 지역에 대해 시행한 관용정책이 사람들의 정신세계에 깊숙이 스며들어 있었다. 같은 종교를 믿고 같은 왕을 섬긴다는 전제조건만 받아들인다면 현지 여자를 취하고 아이를 낳는 데에 큰 거부감이 없었다. 이런 이유에서라도 당시 원주민에게 끊임없이 가톨릭으로의 개종과 스페인 왕에 대한 복종을 강요했다. 이에 반해 영국은 사회, 역사, 문화적으로 남미 신대륙 원주민과 같은 이민족을 받아들이는 데 상당히 거부감을 가지고 있었다. 실제 당시 영국에서는 스페인 사람들이 점령지에서 혼혈아를 양산하는 것에 대해 비윤리적·반종교적인 행위라고 크게 비난했다는 기록이 전해진다.

페루 사람들의
3가지 특징과 인종차별

온라인 수업이 한창이던 때, 어느 날 한 여선생님이 페루 사람들의 세 가지 특징에 대해 들어본 적이 있느냐고 미소를 지으면서 물었다. 당연히 알 리가 없었다. 그러자 계속 미소를 머금은 채 차근차근 이야기하기 시작했다. 이런 종류의 이야기가 항상 그렇듯 뚜렷한 과학적·통계적 근거는 없었지만 그 나름대로 상당 정도의 진실이 포함된 듯 보였다.

첫 번째는 애국심이 상당히 강하다는 것이다. 애국심이 강하고 약하고를 객관적으로 입증할 수 있는 조사 방법이 있을 리 없지만, 그 후 현지에서 여러 가지를 직접 경험하다 보니 이런 이야기가 나오게 된 배경만은 이해가 되었다. 현지 한 역사학자의 말을 빌리자면 페루는 패배의 역사가 지배하는 사회다. 그런 만큼 쓰라린 과거의 역사에 반발하는 애국심이 자연스럽게 도드라질 수밖에 없다. TV 등의 언론매체에서도 유달리 페루의 일체성을 강조하는 구호가 많이 들렸다. 또 시내를 걷다 보면 일반 상점은 물론 개인 집에서도 페루 국기를 게양하고 있는 곳이 눈에 많이 보였다. 그 내면의 실상은 어떻든, 일단 외형적인 애국심의 표현 측면에서 보자면 이런 주장을 수긍할 만했다.

두 번째는 약속시간을 잘 지키지 않는다는 것이다. 선생님이 예를 하나 들어주었다. 친구끼리 만나기로 약속했는데 못 지키게 된 경우, 특별한 사정이 없음에도 불과 5~10분 전, 심지어 약속시간이 지나서야 전화로 통보하는 일이 비일비재하다는 것이다. 사실 여부를 확인하고 싶어서 다른 선생님과의 수업 시간에 "페루 사람들이 약속을 잘 안 지킨다는데 정말인가요?"라고 물어봤다. 그러자 웃으면서 또 다른 예를 들려주었다. 페루에서는 저녁 파티(피에스타) 시간을 정확하게 지키는 사람을 오히려 이상하게 본다는 것이었다. 대개 30분에서 한두 시간 정도는 늦게 도착하는 것이 상례라고 했다. 원 참, 그러려면 시간을 애초에 왜 정하는 것인지?

세 번째는 페루 남자들은 결혼 후에도 외도율이 높기로 유명하다고 했다. 중남미 내에서도 소문이 났을 정도라고 강조하길래,

"그러면 여자들의 경우는 어떠냐?"라고 물었다. 그러자 잠시 머 뭇거리더니 "남자들보다는 덜하다"라는 대답이 돌아왔다. 이 문 제 역시 또 다른 선생님에게 확인차 물어보니, 이 선생님은 아예 남녀가 다 똑같다고 대답했다. 이런 정보를 바탕으로 조금 얌전 한 성격의 세 번째 선생님에게 "페루 남자들이 그렇고 그렇다는 데, 만일 결혼 후에 남편이 바람을 피우는 걸 알게 되면 어떻게 하 겠느냐?"라고 물어봤다. 그러자 가벼운 한숨을 쉬며 "주변에서 보 면 참고 사는 사람도 많은데, 나는 도저히 그렇게는 못 할 것 같다" 라는 쓸쓸한 대답이 돌아왔다. 혹시나 해서 인터넷에 관련 자료가 있나 해서 검색해보니, '페루의 남녀 기혼자의 불과 20%만이 부 정을 저지르지 않는다'라는 놀랄 만한 2015년 판 조사 내용이 하 나 나왔다. 어떤가, 참으로 농담이면서 진담 같고, 진담이면서 농 담 같은 이야기 아닌가!

자신의 나라에서 차별받는 사람들

리마에 도착한 지 얼마 되지 않아서 한 식당 앞을 지나다가 흥미 로운 부착물을 하나 발견했다. '이 상점과 모든 미라플로레스 지 역에서 인종차별은 금지되어 있습니다'라는 내용이었다. 인종차 별? 유럽인과 원주민의 혼혈인 메스티소가 다수를 차지하는 이나라에서 도대체 어떤 인종이 어떤 인종을 차별한단 말인가? 거리에서 아주 드물게 보이는 흑인을 대상으로 차별을 할 리는 만무하고, 그렇다고 확실하게 매상을 올려주는 동양인에 대한 차별은 더더욱 아닐 것이고, 그렇지만 웬만큼 심각한 상황이 아닌 다음에야 이런 부착물 자체가 존재할 이유도 없지 않나 하는 생각이 들었다.

궁금증을 참지 못하고 당장 다음 날 어학원 선생님에게 물어보니, 잠시 머뭇거리다가 대답을 했다. 안데스산맥 출신의 페루 원주민이나 원주민에 가까운 모습을 한 메스티소에 대한 차별이라는 것이다. 그런데 그 후 한참이 지나서 한 사건이 터지면서 모든 매스컴이 마치 기다렸다는 듯이 페루 사회에서의 고질적인 인종차별 문제에 대해 쏟아내기 시작했다. 사건은 리마의 한 부촌에서 원주민 혈통이 완연한 지역 치안대원이 마스크를 쓰지 않고 거리를 활보하는 유럽 혈통 주민에게 마스크를 쓰라고 하자, 그 주민이 흥분한 상태에서 인종차별적 언사를 퍼붓기 시작한 것이었다. 인종차별이 심한 페루에서 충분히 일어날 법한 일이었는데, 모든 장면과 발언이 다 녹화된 터라 사건이 수면 위로 올라왔다.

곧이어 이 상황에 기름을 붓는 또 하나의 사건이 발생했다. 전형적인 안데스 원주민 외모의 전직 총리가 미국 워싱턴에 본부를 두고 있는 미주기구OEA의 페루 대사로 임명되자, 반대당의 국회의원이 인종차별적 공격을 하고 나선 것이다. "그런 얼굴로 어떻게 미국에 가서 페루를 대표할 수 있겠느냐", "차라리 볼리비아 (원주민이 많은) 대사로 보내는 것이 낫지 않느냐"라는 식이었다. 이 발언 후에 정부와 매스컴이 일제히 "페루는 하나다"를 외치고 나섰지만 반응은 공허했다. 아무튼 당시 벌어진 일련의 사건과 보도를 통해서 미국에서의 '니그로'에 해당하는 인신 모욕적 용어가 페루에도 있다는 것을 알게 되었다. 바로 '출로 _cholo_'라는 단어인데 니그로가 'black face'에 대한 비하 표현이라면, 출로는 'brown face'에 대한 것으로 볼 수 있다. 그리고 이런 인신공격성 발언이나 행위를 통틀어 '출레오 _choleo_'라고 부른다.

리마에 체류하는 동안 직접적인 인종차별의 모습까지는 아니지만 인종격차가 느껴지는 현장은 생생하게 목격했다. 숙소와 어학원이 있는 부촌인 미라플로레스 지역의 고급주택 주인은 어김없이 유럽풍의 백인이었고, 일하는 사람들은 원주민풍의 갈색 인종이었다. 거리를 떠돌면서 구걸하는 사람은 한결같이 피부색이 짙었고 돈을 적선하는 사람은 피부가 희었다. 거리의 청소부는 일관되게 어두운 피부에 키가 작고 초췌했고, TV 사회자들은 항상 밝은 피부에 키가 크고 당당했다. 원주민의 후손들이 고산지대 길거리에서 관광객을 위해 전통춤에 열중하는 동안, 페루를 대표하는 우아한 국립교양악단과 국립합창단 자리는 백인 출신의 후손들이 독차지하고 있었다.

스페인 정복 시절도 아닌 지금, 이론적으로는 모든 기회와 문호가 능력과 노력 여하에 따라 모두에게 열려 있지 않나? 더구나 이곳의 진정한 주인은 그들 아니었나? 그들은 과연 지금 무엇을 하고 있는가? 한 어학원 선생님이 나에게 말했다. 메스티소인 친구 한 사람이 유럽 혈통의 남자와 결혼하게 되자 그 어머니가 기뻐하면서 이렇게 말했다고 한다. "이제 집안의 피를 개선하게 되었구나!" 과연 인종에 타고난 우열의 차이가 있을까? 다인종 사회의 현장에서 묻지 않을 수 없었다.

페루의 실패와
페루를 위한 변명 *

페루는 지난 3월 15일 총 환자 숫자가 70명을 겨우 넘은 상태에서 대통령 발표로 전격적으로 국가비상사태를 선언하고 국경 폐쇄, 강제 사회격리 등의 강력한 방역 조처를 단행했다. 아메리카 대륙에서는 최초로, 내외 언론 모두가 페루의 열악한 의료 인프라를 고려할 때 선제적이면서도 시의적절한 조처라고 긍정적으로 평가하고 나섰다. 그 후 예정한 3월 30일까지 15일간의 비상사태

---

* 이글은 2020년 6월 1일 작성된 것으로, 어학연수 당시 코로나바이러스와 관련하여 페루의 절박한 상황을 이해하는 데 도움이 될 것으로 생각한다.

기간이 끝나고 4월 12일까지 2주 더 기간이 연장되었을 때만 해도 페루 국민은 그 정도는 예상했다는 듯 덤덤한 반응을 보였다.

그런데 2차로 4월 26일까지 2주 더 연장되었다가 3차로 5월 10일까지 또 2주 더 연장되자 뭔가 이상하다는 것을 느끼기 시작했다. 서민의 생활고도 본격적으로 가중되기 시작했다. 여기에 4차로 5월 24일까지 또 2주간 더 비상사태가 연장되자 정부에 대한 국민의 실망감이 뚜렷해졌다. "이번 주가 중대 고비가 될 것 같다"라는 전망도 워낙 많이 들어서 어느 주가 어느 주인지 기억하는 사람도 없어졌다. 일일 발생 환자 수가 계속 4,000명대를 기록하자, "이제는 발생 정체기에 접어들어, 앞으로 하강 곡선이 기대된다"라고 예측했지만 그 얼마 후부터 6,000명을 넘고 7,000명을 넘더니 5월 31일에는 하루에 무려 8,805명까지 상승했다. 예상과 달리 수직에 가까운 급증세를 보인 것이다. 무려 3개월 가까이 국가비상사태라는 극약 처방을 했는데도, 페루는 어째서 이런 참담한 결과를 낳고 있는 것일까?

코로나19 방역 실패의 5가지 원인

가장 큰 원인으로 지적되고 있는 것은 일용 근로자 문제다. 현지 용어로는 비공식 *informal* 근로자라고 불리는 이들은 그야말로 하루 벌어 하루 생활하는 사회 취약층이다. 문제는 페루 경제에서 이들이 차지하는 점유율이 너무 높다는 것이다. 통계에 따라 약간씩의 차이는 있지만 놀랍게도 70% 이상인 것은 틀림이 없어 보인다. 대부분은 모아놓은 돈이 전혀 없어 하루라도 일을 쉬면 당장 생계에 어려움이 생기기 때문에, 비상사태 기간이 길어지면 길어질수록 더욱 필사적으로 단속을 아랑곳하지 않고 행상을 위해 거리로 나선다. 그리고 특성상 사람이 많이 모이는 장소에 가기 때문에 어쩔 수 없이 밀집과 접촉이 유발되고, 결국 감염 확산의 촉진 요인이 되고 있는 것이다.

두 번째 요인은 페루의 열악한 주거 환경이다. CNN 보도에 따르면 페루 가구의 30% 정도가 집에 제대로 분리된 방이 없다고 한다. 또 2019년 페루 국가조사 결과에 의하면 빈곤 가정의 11.8%는 가족이 한 공간에 밀집하여 생활하고 있다고 한다. 결국 상당수 빈곤 가정은 좁은 공간에서 가족 전부가 숙식을 함께한다는 이야기다. 이런 환경에서는 가족 간 감염이 필연적일 수밖에 없고, 바깥으로 나오지 않고 24시간 집 안에서 머무는 것이 가능하다고 생각하는 사람은 아마 없을 것이다. 페루 TV에서는 연일 연예인을 총동원하다시피 해서 '집에 머물라! *Quedate en casa!*'라는 캠페인을 벌이고 있지만, 과연 그들이 빈곤층의 상황에 대해 어느 정도나 실태를 파악하고 있는지 궁금할 수밖에 없다.

세 번째 요인은 냉장고 문제다. 2017년 페루 인구조사에 의하면 페루 전체 인구의 49%, 도시 인구만을 따지면 61%만이 집에 냉장고가 있다고 한다. 즉 식재료를 장기간 보관할 방법이 없는 집이 많다는 뜻이다. 냉장고가 없는 가정은 매일 식재료를 시장에서 조달할 수밖에 없다. 이런 상태에서 정부에서 아무리 이동 자제를 외쳐도 그들은 생존을 위해 매일같이 시장으로 몰려들었다.

네 번째 요인은 정부의 정책 실패다. 국가비상사태 기간에도 사람들의 기본생활 유지를 위해 전통시장 및 슈퍼, 약국, 은행 등 필수 사업장과 사회 유지 필수 인원의 이동을 위한 교통수단의 운용은 허락했다. 이 가운데 전통시장에는 비상사태 초창기부터 엄청난 인파가 몰려들었다. 교통수단도 마찬가지다. 특히 콤비라고 불리는 우리나라 봉고차 비슷한 대중교통 수단은, 사람들이 좁은 밀폐 공간에 같이 있게 되는 취약점이 눈에 빤히 보이는 상황이었다. 은행도 예외는 아니었다. 정부에서는 국가비상사태로 생활고에 신음하는 빈곤층의 민심을 달래기 위해 소정의 정부 보조금을 지급했는데, 문제는 페루 성인의 38%만이 은행계좌를 가지고 있다는 점이다. 이 때문에 직접 보조금을 수령하기 위해 한꺼번에 은행으로 몰려가 사람들 간의 접촉을 더욱 조장하고 말았다. 그밖에 남녀 성별에 따른 외출 격일제라든지 툭하면 시행한 공휴일 전면 통금제도 한결같이 그 전날 엄청난 인파를 시장으로 몰리게 하는 부작용만 초래했다. 정부도 뒤늦게 이런 문제점을 파악하고 이런 곳에서의 감염 가능성을 차단하기 위해 총력을 펼치고 있지만, 지금까지 상황 파악을 제대로 못 한 것은 두고두고 아쉬운 일이 아닐 수 없다.

다섯 번째 요인은 페루의 국민성과 시스템 부재에 관한 것이다. 최근 페루 대통령 마르틴 비스카라는 담화 중에 이웃을 생각하지 않고 법규를 제대로 지키지 않는 이기주의와 개인주의가 결국 코로나바이러스 사태의 해결을 어렵게 하고 있다고 공개적으로 강한 비난을 했다. 그러자 지난 30년간 알베르토 후지모리, 알레한드로 똘레도, 알란 가르시아, 오얀타 우말라, 페드로 파블로 쿠친스키 등 무려 다섯 명의 전직 대통령이 연속해서 전부 부정부패에 연루되고 그중 한 명은 자살로 생을 마감하는 등 정치권의 고질적인 문제점이 오늘날 상황의 근본 원인이라는 지적도 만만찮게 제기되었다. 물론 우리나라도 정도의 차이만 있을 뿐 이와 비슷한 정치부패 문제로 여러 가지 시련을 겪었지만 중요한 차이점이라면 우리는 그 과정에서 차곡차곡 시스템을 만들어갔다는 점이다. 반면 페루는 정치권의 부정부패가 일말의 개선 없이 계속 이어지면서 사회 시스템상으로 어떤 가시적인 변화도 이루지 못했다.

국민성과 관련해 또 하나 지적하고 싶은 것이 있는데, 바로 흔히 라틴아메리카인의 중요한 성격상 특성으로 거론되는 '낙천성'에 관한 것이다. 이들의 낙천성은 인생을 즐긴다는 관점에서 매우 매력적으로 보이긴 하지만, 코로나바이러스 사태라는 전대미

문의 위기 상황을 현지에서 직접 겪고 보니 이른바 그들의 낙천성이 바람직한 인생의 관조에 바탕을 두었다기보다는 오히려 현실을 무시하거나 치밀한 계획 없이 세상일을 적당히 운에 맡기고 그때그때 즐겁게 살아가는 데 치중되어 있다는 느낌이 자주 들었다. 이런 낙천적 성격이 정치권의 고질적인 병폐와 맞물리다 보니 사회 전반적으로 이번과 같은 위기에 대한 준비도 부족하고 비상 상황에 대비한 매뉴얼도 제대로 갖추지 못한 안타까운 현실을 낳게 된 것이다.

과분한
어학연수 평가서

페루에서 스페인어 연수를 하면서 자격증에 대한 목표를 세우지는 않았다. 사실 그럴 필요가 없었던 것이, 이미 2011년에 'DELE B2'라는 상당 수준의 스페인어 자격증을 획득해놓은 상태였기 때문이었다. 더 높은 수준인 'C1' 자격증에 도전해보는 것도 의미가 없지는 않겠으나 그러려면 이번 연수의 주목적인 회화능력 향상과는 별도로 작문, 독해, 청취 등 다른 영역에 대한 공부가 필요했다. 애초에 예정한 3개월의 기간을 고려할 때 괜한 일이라고 생각했다. 결국 선택과 집중의 전략으로 회화능력 향상에만 힘을 쏟기로 했다. 어학원 선생님들에게도 "여기에 문법을 배우러 온 것은 아니다. 문법은 이미 알고 있으니 회화에 집중해달라"라고 미리 주문했었다.

수업 과정에서 어학원 선생님들이 이미 'C1' 수준이라고 종종 이야기를 해주기는 했지만, 구체적이고 객관적인 평가가 항상 궁금하긴 했다. 물론 출발 전에 세운 '어학원에 개설된 최상급 반에서 수업을 듣는다'라는 목표는 이미 달성했지만, 국가비상사태로 인해 온라인 수업으로 전환되는 등 상황에 큰 변화가 생겨서 더욱 공식적인 평가를 받고 싶은 생각이 들었다.

그런 상황에서 연수 3개월이 넘어가는 시점에 한 강사로부터 귀중한 평가서를 받았다. 그때까지 모두 다섯 명의 강사와 함께 공부했는데 평가서를 쓴 에리카 선생님은 처음부터 한 번도 거르지 않고 꼬박 가르쳐준 사람이다. 나에 대해 평가한다면 누구보다도 자격이 있는 사람인 셈이었다. 사실에 근거해 솔직하게 평가했다고 거듭 강조했지만 과분한 평가로 생각됐다. 여기, 평가서 원문 내용을 간추려 번역해 소개한다. 개인적으로 좀 쑥스러운 측면도 있지만 적지 않은 나이에 해외 어학연수를 와서도 이런 평가를 받을 수 있다는 점에서 앞으로 비슷한 시도를 할 사람에게 좋은 자극이 되었으면 한다.

김원곤 학생의 학구열은 일반적인 스페인어 공부를 넘어서, 페루식 표현법에 대한 관심으로까지 이어졌고, 실제 이를 실생활에 활용하고 있다. (…) 그는 본인이 이때까지 경험한 학생 중 매우 다재다능한 학생 중 한 사람이다. 수업 내내 다양한 형태의 과제에 항상 적극적으로 임했고, 과제가 다소 까다로운 경우에도 한 번도 부정적인 답변을 하지 않았다. 결론적으로 그는 책임감 있고, 헌신적이며, 앞서 주도하고, 끈기 있는 학생이었으며, 이 때문에 현재 높은 수준의 스페인어 회화능력을 갖게 되었다고 생각한다. 크게 인정을 받을 자격이 충분하며, 다가올 프랑스어 연수에서도 이번과 같은 성과를 거두길 바란다.

스페인어 강사 에리카

평가서에 언급된 '페루식 표현법'에 대해 약간의 추가 설명을 하겠다. '모디스모*modismo*'라는 스페인어 단어가 있다. 영어로 이디엄*idiom*과 같은 말인데 우리말로는 관용구 또는 숙어에 해당하고, 구체적으로는 특정 단체, 시대, 지역의 특별한 표현 양식으로 풀이될 수 있다. 참고로 스페인어 '이디오마*idioma*'는 영어 idiom과 비슷한 뜻으로 착각하기 쉽지만 사실은 언어*language*를 뜻하는 단어다.

어쨌든 이 모디스모는 특정 언어의 깊이를 더해주는 역할을 할뿐더러 사용자들에게 어떤 강한 동질의식을 불러일으키기도 한다. 우리말로도 '몹시 기다리다', '아주 좋아하다' 등을 '목이 빠지도록 기다리다', '입이 귀에 걸리다' 등의 표현으로 바꿔 말할 때는 그 느낌 자체가 다를 수밖에 없기 때문이다. 그런데 이런 모디스모를 페루 현지인이 외국인에게 먼저 사용할 리는 없다. 그래서 나는 아예 작정하고 적극적으로 먼저 모디스모로 말을 걸어보기로 했다.

그 첫 도전 성공은 택시 기사에게 숙소 위치를 알려주면서 주유소를 가리키는 페루식 표현인 '수도꼭지 *grifo*'를 사용해본 것이었다. 두 번째 도전 역시 택시 기사를 상대로 이루어졌다. 숙소와 슈퍼 사이는 산책하기 좋은 정도의 거리지만 물건을 많이 산 날은 짐이 무거워 종종 택시를 이용하곤 했다. 어느 날 국가비상사태를 악용하려는 심사인지 택시 기사가 통상 택시비로 6솔(2,100원)을 부르는 거리에 10솔(3,500원)을 요구하고 나섰다. 내가 정색을 하며 늘 '6루카스 *lucas*'를 주었다고 이른바 모디스모를 사용하고 나서자, 현지인 분위기가 풍겼는지 순식간에 그렇게 하겠다고 꼬리를 내렸다. 모디스모의 힘이었다!

그 후로도 가능하면 현지 표현을 사용해보려고 계속 노력했다. 슈퍼에서도 맥주 *cerveza*가 어디 있는지 빤히 알면서도, 지나가는 종업원에게 첼라 *chela*가 어디 있느냐고 묻기도 했다. 어학원 선생님들도 내가 '이런 아보카도!(창피스럽다는 모디스모)', '이런 파인애플!(운이 없다는 모디스모)' 등의 표현을 불쑥 꺼낼 때마다 환한 웃음으로 반응해주었다. 그러나 그런 노력에도 불구하고 '두꺼비같이 굴지 마!(쓸데없이 참견 또는 남 말을 하고 다니지 마!)', '병아리처럼 굴지 마!(술이 왜 그렇게 약해!)' 등의 표현은 사용해볼 기회가 없었다.

그럼에도 페루에서 어학연수를 하며 일반적인 스페인어뿐 아니라 페루 특유의 표현법까지 익혔다는 것은 또 하나의 성취로 생각된다. 어학연수의 본질이라고 할 수 있는, 현지 문화와 사회로 깊숙이 동화되는 의미 있는 과정이었기 때문이다.

페루 문화 속으로

스페인어를 배우면서부터 자연스럽게 스페인어권 인명을 더욱 자주 접하게 되었다. 그런데 문득 곤살레스, 페르난데스, 로드리게스처럼 뒷부분이 '데스'로 끝나는 성씨가 많다는 것을 알게 되었다. 그 후 좀 더 구체적으로 알아보니, 스페인의 성씨는 전통적으로 아래와 같은 네 가지 방식으로 형성되었다고 한다.

부계나 모계를 따라서

첫 번째는 부계 또는 모계의 성을 따는 방식이다. 여기에는 몇 가지 형태가 있는데 가장 흔한 방식은 아버지의 이름 뒤에 '데스 -ez '를 붙여 누구의 아들 son of 이라는 것을 성씨로 나타내는 형태다. 예를 들어, 본인의 이름이 '페드로의 아들 마르틴'이라는 뜻인 마르틴 페레스라면, 그의 아들 후안의 이름은 '마르틴의 아들인 후안'이라는 뜻으로 후안 마르티네스가 되는 식이다. 그런데 이런 방식은 사람은 구별할 수 있지만 매번 성씨가 바뀌는 문제가 있어서 세월이 흐르면서 오늘날의 대물림 형태의 성씨로 바뀌었다. 곤살레스, 페르난데스, 로드리게스도 각각 곤살로의 아들, 페르난도의 아들, 로드리고의 아들이라는 뜻의 대물림 성인 것이다. 유명한 우루과이 출신 축구선수인 수아레스도 '수에로의 아들'이라는 의미가 된다.

사는 곳을 바탕으로

두 번째로 지리적 관점에서 성을 따오는 방식이 있다. 사는 곳의 특징을 바탕으로 성을 짓는 방식이다. 예를 들어 탑 근처에 살면 토레스(영어로 towers), 추운 산악지대에서 사는 사람은 멘도사(영어로 cold mountains)라고 부르는 방식이다.

직업에 따라서

세 번째로 직업에서 성을 따오기도 한다. 가령 바르베로라는 성은 이발사를 나타내고, 사파테로라는 성은 구두를 만드는 사람을 뜻한다. 예를 들어 호세 루이스 로드리게스 사파테로 *José Luis Rodríguez Zapatero*는 스페인 민주화 이후 5대 민선 총리이자 2004년부터 2011년까지 총리를 지냈는데, 스페인 정계에서는 장수 총리에 속한다. 이 사람은 원칙적으로는 부계의 성을 따서 로드리게스 총리로 불려야 하지만 로드리게스라는 성이 너무 흔해서 일부러 모계 성인 사파테로라고 부르는 경우다.

사람의 특징에 따라

네 번째로 사람이 가진 특징을 바탕으로 성을 정하기도 한다. 어떤 사람의 도드라진 특징을 따서 성을 정하는 방식이다. 예를 들면, 용감한 사람은 브라보(영어로 brave), 예의 바른 사람은 코르테스(영어로 courteous)라고 성을 정했다.

그러면 실제 페루에서 가장 많은 성은 무엇일까? 원조 국가인 스페인에서는 전체 인구의 약 3~5%를 차지하고 있는 '가르시아'가 제1위인 데 비해, 페루는 원주민 언어인 케추아어로 '보석, 투명함, 수정' 등을 의미하는 '퀴스페*Quispe*'라는 성이 가장 많고, 가르시아는 4위를 차지하고 있다. 그런데 '퀴스페' 역시 전체 인구 중에서는 4% 미만으로 김, 이, 박의 세 개 성씨가 전체 인구의 약 45%를 차지하는 우리나라와는 크게 차이가 난다.

그러면 이번에는 성을 포함한 스페인식 전체 이름 짓기에 대해 알아보자. 스페인식 이름 짓기에는 다음과 같은 3대 원칙이 있다 (1) 영어의 '미들네임' 개념이 없는 대신, 이름이 보통 첫 번째 이름과 두 번째 이름 두 가지로 구성된다. 물론 이름이 하나인 경우도 있다. (2) 성 역시 두 부분으로 구성되는데, 첫 번째는 부계의 첫 번째 성을 그리고 두 번째는 모계의 첫 번째 성을 따른다. (3) 여자가 결혼을 해도 남편의 성을 따르지 않는다.

그러면 페루에서 필자를 가장 오래 가르친 어학원 선생님의 이름을 예로 들어보자. 보통 에리카라고 불리는 그녀의 풀네임은 '에리카 빠올라 아기레 로드리게스'이다. 방금 소개한 스페인식 이름 짓기의 3대 원칙을 떠올리면 그녀의 첫 번째 이름은 에리카이고 두 번째 이름은 빠올라임을 알 수 있다. 그녀의 경우 두 번째 이름은 주로 집에서 가족이 불러주는 일종의 애칭이라고 한다. 그리고 그녀의 첫 번째 성은 부계, 즉 아버지에게서 온 아기레이고 두 번째 성은 모계, 즉 어머니에게서 온 로드리게스다. 그녀가 나중에 결혼하여 아이를 가지면 그 아이의 첫 번째 성은 남편의 첫 번째 성을 따르게 되고 두 번째 성은 아기레가 될 것이다.

이런 이름 짓기가 나름 합리성을 갖는 것은 어떤 한 사람이 당대에는 아버지와 어머니의 성 양쪽 모두를 갖지만, 자손으로 계속 내려가는 것은 결국 부계의 성이라는 데 있다. 말하자면 어머니에 대한 추억과 아버지 성에 대한 전통적 정통성을 어느 정도 만족시켜주는 시스템이 아닌가 하는 생각이 든다. 그리고 제2의 이름을 통해서는 가족이나 친한 친구 등 소단위에서 마치 서로 간에 개인적 비밀을 공유하는 듯한 친밀감을 가질 수 있는 것으로 생각된다. 물론 대외적으로 소개되는 것은 제1의 이름과 부계의 성이다. 앞서 말한 선생님의 경우 어학원 팸플릿에는 '에리카 아기레'로 소개되고 있다.

이번에는 아르헨티나 출신으로 우리에게도 너무나 잘 알려진 세계적인 축구선수 메시의 이름을 한번 풀어보자. 그의 풀네임은 '리오넬 안드레스 메시 쿠시티니 *Lionel Andrés Messi Cuccittini*'다. 지금까지의 공부를 바탕으로 리오넬은 첫 번째 이름이고 안드레스는 두 번째 이름임을 알 수 있다. 그리고 메시는 아버지에게서 온 첫 번째 성이고 쿠시티니는 어머니에게서 온 두 번째 성이라는 것도 쉽게 파악이 된다. 실제 메시의 아버지 이름은 '호르헤 메시'이고 어머니 이름은 '셀리아 쿠시티니'다. 그리고 그의 풀네임에 관계없이 메시의 대외적 이름이 '리오넬 메시'인 것도 이해가 될 것이다. 참고로 미국에 사는 히스패닉은 두 개의 성을 두고 미국인이 느낄 혼선을 피하기 위해, 두 성 사이를 하이픈으로 연결해 하나의 성으로 나타내기도 한다.

페루 리마에서 맛봐야 할 3가지 음식

❶ 세비체(ceviche)

페루를 대표하는 솔푸드인 세비체는 싱싱한
생선이나 조개 등 해산물을 레몬 또는 라임 주스
에 초절임한 요리다. 생선 세비체에는 흰살생선을
사용하는 것이 원칙이다. 틸라피아*tilapia*가 저렴한 편
이고 고급으로는 코히노바*cojinova*, 빨메리따*palmerita*
와 같은 생선을 사용한다. 광어와 비슷하게 생긴
혀가자미*lenguado*는 최고급으로 친다. 세비체에
사용하는 생선은 깍둑썰기를 하고 양파와 함께 서빙
된다. 그리고 항상 페루 고구마인 까모떼*camote*와 큰 알갱이 옥수수가 곁들여진다.

❷ 까우사(causa)

까우사는 전채 요리이자 페루의 대표적인 감자
요리 가운데 하나다. 몇 가지 형태가 있는데,
으깬 감자 사이에 아보카도와 참치를 넣어 케이크
처럼 쌓은 '리마 스타일'이 가장 전통적이다.
세 가지 재료의 조화가 기가 막히게 훌륭한
맛을 선사해준다. 요리 이름인 까우사는 영
어의 'cause'에 해당하는 스페인어인데, 글자
그대로는 '대의(명분)'라는 의미이다. 요리에 이런 거창한
이름이 붙은 연유에는 몇 가지가 있지만, 과거 스페인으로부터 독립투쟁을 하는 과
정에서 주역 중 한 사람이었던 산마르틴 장군 측에서 군사 비용을 감당하기 위해서
리마 시내에서 까우사를 만들어 팔기 시작한 데서 유래되었다는 설이 가장 많이 알
려져 있다.

❸ 꾸이(cuy)

페루의 대표적인 엽기 음식인 꾸이는 애완동물로 널리 알려진 기니피그를 가리키는데, 옛 페루에서는 기니피그의 우는 소리에서 따와 '꾸이'라는 이름을 붙였다고 한다. 꾸이는 과거 안데스산맥 지역의 잉카 서민에게는 유일한 단백질 공급원이었는데, 오늘날 리마와 같은 대도시에서도 흔히 볼 수 있는 요리가 된 것은 1990년대 산업 발전과 함께 산악 주민이 일거리를 찾아 대거 도시로 이동하면서부터였다. 그 후 관광업의 발전으로 외국 관광객의 수요가 급증하면서, 이색 요리로서 꾸이의 수요가 본격적으로 늘어났다. 꾸이 요리에는 튀김(꾸이 착따도, cuy chactado)과 구이(꾸이 알 오르노, cuy al horno) 두 가지가 있는데 전자가 보편적이다. 이빨까지 있는 머리를 함께 내놓기도 하고, 머리 부분을 제거하고 서빙하기도 한다.

4장

배우고 익히는 뇌는
늙지 않는다

툴루즈에서의 프랑스어 연수

53세에 처음으로 프랑스어를 배우기 시작한 경상도 출신 남자라는 배경은 발음에 관해서는 이미 구멍 난 그릇이나 다를 바 없었다. 그러나 달리 생각해보면, 엎지른 물은 다시 담을 수 없지만 구멍 난 그릇의 물은 어떻게든 틈을 막아가면서 마실 수는 있지 않겠는가!

6개월 연수로
계획을 변경하다

원래 3개월로 예정되었던 페루에서의 일정이 코로나바이러스 사태로 인한 국가비상사태 선언과 국경폐쇄로 발이 묶이면서 본의 아니게 8개월로 늘어났다. 결국 예정보다 5개월 늦은 2020년 11월 초 페루에서 귀국하면서 향후 일정에 대해 진지하게 생각하지 않을 수 없게 되었다. 고심을 거듭한 끝에 이후의 연수 기간을 과감하게 수정했다. 페루에서의 지체를 오히려 전화위복의 계기로 삼아 원래 3개월씩 예정했던 프랑스어, 중국어, 일본어 연수 기간을 과감하게 6개월씩으로 늘인 것이다.

이유는 세 가지였다. 첫 번째로는 비록 타의에 의해 원래 계획보다 길어진 것이지만, 페루에서의 연수 기간과 이후의 연수 기간에 어느 정도 균형을 맞추고 싶은 바람이 컸다. 두 번째는 2021년에 프랑스어 연수를 애써 3개월에 맞추어 끝내본들 당시 코로나바이러스 상황을 고려할 때 그다음에 계획되어 있는 중국어나 일본어 연수 일정을 제대로 이어서 진행하기가 불가능하리라는 판단에서였다. 마지막 세 번째 이유로는 2020년도 페루에서의 어학연수 경험으로 이 나이에도 반년 정도의 어학연수 과정은 충분히 소화할 수 있다는 자신감이 생긴 것도 빼놓을 수 없었다.

문제는 연수 기간을 늘이는 데 필요한 부수적인 절차가 만만치 않다는 점이었다. 일단 체류 기간이 3개월을 넘기면 반드시 어학연수를 위한 학생 비자를 발부받아야 했다. 전년도의 페루 연수 때는 원래 3개월 예정이었기 때문에 비자 발급에는 별다른 신경을 쓰지 않고 그냥 입국했고, 이후 국가비상사태로 인한 추가 체류 기간은 그 기간만큼 자동 연장이 되었기 때문에 아무런 문제가 없었다. 결국 비자 발급 절차는 처음 경험하는데, 알아보니 프랑스의 경우 어학연수 비자 발급 과정이 생각보다 번거로웠다. 물론 일종의 도전 과제로 생각하고 이번에도 혼자서 절차를 진행해볼까도 잠시 생각했지만 차라리 그 시간에 프랑스어 어학연수 본연의 준비에 조금 더 시간을 쏟는 것이 효율적이겠다는 생각으로 관련 전문 기관인 프랑스 유학원의 도움을 받기로 했다.

어학연수 도시는 툴루즈로

국내 유학원을 통해 어학연수 절차를 밟으면 상담을 통해 우선 가장 중요한 사항을 결정하게 된다. 바로 '프랑스의 어느 도시, 어떤 어학원에서 공부할 것인가?'이다. 그 밖에 현지에서 거주할 적절한 숙소를 함께 결정해야 하고, 각종 서류작업 대행도 유학원의 중요 업무 항목이다. 그런데 적절한 현지 어학원을 찾고자 검색을 해보면 프랑스의 대도시는 물론이고 웬만한 중소도시에도 외국인 대상 어학원이 있다는 사실을 알 수 있다. 그만큼 선택의 폭이 넓다는 뜻이고, 한편으로는 고르는 데 꽤 고민을 해야 한다는 의미도 된다. 결론적으로 말하자면, 모두에게 맞는 최적의 도시는 없다고 봐야 옳을 것이다. 도시마다 장단점이 공존하는 데다 연수 학생들 각자가 처한 상황과 배경이 워낙 달라서 누구에게는 훌륭한 장소가 다른 누구에게는 최악의 장소가 될 수도 있기 때문이다.

그런데 나의 경우 연수 도시를 결정하는 데는 전혀 문제가 없었다. 2019년도에 원래 4개국 어학연수 계획을 세우기를, 2020년도 3, 4, 5월 페루에서의 스페인어 연수 이후 9, 10, 11월에는 프랑스어 연수를 진행할 예정이었다. 그래서 3월에 페루로 출발하기 이전에 이미 일찌감치 현지 어학원과 접촉을 해둔 덕분이었다.

당시 연수 도시의 선정에는 현역 교수 시절 학회 출장 관계로 여러 차례 프랑스를 방문했던 경험이 좋은 바탕이 되어주었다. 일단 많은 장점에도 불구하고 복잡하고 주거비 등 생활비가 비싼 파리는 피하고 싶었고, 그렇다고 해서 너무 규모가 작은 도시는 일상생활이 무료할 것 같은 생각이 들었다. 그리고 흔히 공부에 집중하기 위해 한국 학생이 별로 없는 곳을 선호하는 모양인데 개인적으로 이는 전혀 고려사항이 아니었다. 물론 지나치게 많으면 공연히 어울려 다니면서 어학연수의 목적에 다소 어긋나는 생활을 할 수도 있겠지만, 내 나이에는 어차피 큰 상관이 없을뿐더러 오히려 인터넷이나 컴퓨터 등에 관한 문제가 발생하면 젊은 사람들의 도움이 절실할 때도 있을 것으로 생각되었기 때문이다.

어쨌든 그렇게 해서 파리, 마르세유, 리옹에 이어 프랑스에서 네 번째로 큰 도시이자 남서부의 중심지인 툴루즈를 연수 도시로 선택했다. 우리나라에는 그렇게 잘 알려지지 않았지만, 큰 도시치고는 비교적 분위기가 차분하면서 한편으로는 보잉사와 함께 세계 항공산업계를 양분하고 있는 에어버스 본사가 있는 도시로도 유명한 곳이다.

어학원 선정과 온라인 시험

일단 툴루즈를 어학연수 도시로 정하자 그다음에는 자연스럽게 어학원을 찾는 과정이 이어졌다. 그런데 기본적으로 어학원 선정 자체에는 크게 신경을 쓰지 않았다. 치열한 경쟁 상태에서 거의 실시간으로 평판이 노출되는 어학원들 사이에 수업의 질적인 측면에서 큰 차이가 있을 것으로 생각되지는 않았기 때문이었다. 결국 중요한 것은 배우는 사람의 마음가짐이라는 평소 철학을 토대로, 2020년 1월경 나름 인터넷으로 관련 정보를 검색한 결과 '랑그 옹즈'라는 이름의 사설 어학원이 눈에 들어왔다. 우리나라 학생들의 후기를 포함한 전반적인 평판도 좋았다. 내친김에 바로 홈페이지에서 2020년 9월부터 시작하는 일정으로 B2 레벨(중상 단계에 해당)로 등록 신청을 하니 대뜸 레벨 확인을 위해 온라인 시험을 치러보자는 요청을 해왔다. 바로 그날 모두 작문으로만 구성된 시험을 치렀더니, 요청한 대로 B2 레벨이 맞는 것 같으니 그렇게 수업 첫날 반 편성을 하겠다고 했다. 다만 수업 직전에 구두시험으로 다시 레벨을 확인하는 과정이 있을 거라고 했다.

그러나 그렇게 애써 정해놓은 어학원 스케줄은 이후 코로나바이러스 사태로 페루에서부터 일정이 어긋나기 시작하면서 결국 무산되었다. 그렇지만 그 후 2021년으로 프랑스어 어학연수를 연기하여 다시 일정을 짜면서도 전년도에 정해놓은 어학연수 도시와 어학원은 아쉬운 마음에서라도 그대로 유지하고 싶었다. 그래서 프랑스 유학원 측에 비자 서류 대행을 부탁하면서도 과거 랑그 웅즈 어학원과의 이메일 자료를 건네주면서 그대로 진행해달라고 부탁했다. 수업과 관련해서는 처음에는 현지에서 2021년 3월 29일 수업을 시작으로 6개월 일정을 진행하기로 계획하고 준비에 들어갔다. 그러다가 프랑스에서의 코로나바이러스 상황으로 한차례 연기가 불가피해져 결국 5월 3일 월요일부터 시작하는 20주간 일정으로 바꾸어 수업료를 미리 송금하면서 본격적인 행정 절차에 들어갔다.

현지 숙소 결정과 비자 발급

이제 남은 중요한 문제는 숙소와 비자였다. 학생비자를 발급받기 위해서는 어학연수 지역에서 적어도 3개월 이상 주거한다는 증명서를 제출해야 한다는 조건이 있었다. 주거 증명서는 집주인이 발급해주어야 하는데 당연히 미리 숙박료를 내야만 했다. 이렇게 현지 어학원 등록 영수증과 함께 주거증명서까지 까다롭게 요구하는 것은 아마도 어학연수를 핑계로 프랑스에 입국하여 엉뚱한 일탈을 하는 것을 최대한 방지하기 위한 프랑스 정부 나름의 방책으로 생각되었다.

처음 유학원에서 추천해준 숙소는 학생용 1인 스튜디오였다. 어학원에서 약간 멀긴 했지만, 집세도 저렴했고 사진상으로도 깔끔해 보였다. 그런데 문제는 사용 후기의 도움을 전혀 받을 수 없다는 것이었다. 3개월 선금을 내야 하는 입장에서, 막상 현지에 갔는데 이웃 소음이나 벌레 등 예상치 못한 문제가 발견되면 어쩌나 하는 불안감이 앞섰다. 이제 나이도 있는 데다, 공부에 몰두하기 위해서라도 편안하고 안정된 주거가 더욱 중요하게 생각되었다. 그래서 유학원과 다시 상의한 끝에, 사전에 여러 가지 정보를 검토할 수 있는 에어비앤비를 이용하기로 했다. 그렇게 해서 비록 일반 학생용 숙소보다는 비싸기는 했지만, 도보로 등하교가 가능한 위치에 침실과 거실이 따로 있고 부엌용품과 가구가 갖춰진 마음에 드는 집을 구할 수 있었다.

어학원에 숙소까지 결정되고 나니, 마지막 단계인 학생비자 발급 절차가 기다리고 있었다. 시국도 시국인데 적지 않은 나이가 혹시나 걸림돌이 되지 않을까 은근히 신경이 쓰였다. 어쨌든 유학원의 도움을 받으면서, 먼저 프랑스 대사관의 담당 부서인 교육진흥원 Campus France 홈페이지에서 회원 등록을 한 다음, 관련 서류를 제출했다. 코로나바이러스 사태 때문에 면접관과의 일정은 스카이프를 이용한 화상 면접으로 잡혔다.

처음에는 우리말로 어학연수 동기 등에 대해서 이야기를 나누고, 이어서 프랑스어 수준을 확인하는 차원에서 잠시 프랑스어로 대화를 나누었다. 젊은 여자 면접관의 반응은 무척 호의적이었다. 그리고 며칠 후인 3월 22일, 3개월 거주증명서를 포함한 각종 학생비자 신청 서류를 들고 프랑스 대사관 영사과를 방문하여 최종적으로 서류를 제출했고, 그로부터 2주 반쯤 후에 비자가 택배로 집에 도착함으로써 중요한 일차 관문을 통과했다. 비자에 쓰인 'Etudiant(학생)'이라는 표시를 보자니 실로 수십 년 만에 공식적으로 학생 신분으로 다시 돌아간 데에 대한 감회가 남달랐다.

대면 수업으로 시작한 어학연수

마침내 2021년 4월 말에 툴루즈에 도착해서, 완전 자율에 의한 자가격리 및 현지 적응 시간을 일주일 동안 가졌다. 시간은 순식 간에 흘러갔고, 2021년 5월 3일 월요일 첫 수업을 위해 어학원으로 향했다. 전형적인 프랑스풍의 고즈넉한 골목 안에 있는 옛날 건물에 운치 있게 자리 잡은 어학원은 행정실과 강의실로 구성된 2층 일부와 강의실만으로 이루어진 4층 일부 등 모두 두 개 층을 사용하고 있었는데, 무엇보다도 층간을 잇는 오래된 나무 계단의 삐걱거리는 소리가 정겨우면서 포근하게 다가왔다.

일단 사무실 옆의 큰 교실에서 그 주에 수업을 함께 시작하는 모든 레벨의 신입생들을 대상으로 하는 학원 소개를 받은 뒤에 미리 정해진 각자의 반으로 이동했는데, 나는 온라인 등록 시에 이야기했던 레벨 확인을 위한 별도의 구두 테스트는 없이 B2반에 그대로 배정되었다. 당시만 해도 코로나바이러스 사태의 영향이 여전할 때라 전체 강의실에 비해 학생 수가 많아 보이지는 않았지만, 그래도 마스크 착용을 제외하고는 강의가 전면 대면 수업으로 이루어지는 데다 적지 않은 수의 수강생이 있는 것을 보고는 속으로 은근히 놀랐다.

내가 속한 중상급반, 즉 B2 1반의 담당 선생님은 강의 경험이 많은 노련하면서도 사뭇 박력이 넘치는 50대 여선생님이었다. 수강생은 나를 포함해 열 명이었는데 멕시코, 에콰도르, 브라질 등 남미국가 출신에서부터 베트남 학생 두 명에, 이란 학생이 무려 네 명이나 있었다. 나중에 안 사실이지만 어학원이 이란과 사우디아라비아 현지에서 적극적으로 홍보 활동을 한 덕에 해당 국가 학생이 많다고 했다. 나이는 대부분 20~30대로 10대 후반의 학생도 있었는데, 모두 현지에 장기간 머물면서 다양한 이유로 프랑스어를 배우고 있었다. 코로나바이러스 사태의 영향으로, 나처럼 순수하게 어학연수를 위해 막 외국에서 온 학생의 수는 제한적으로 보였다. 과연 이들 이국의 젊은이들 속에서 잘 헤쳐나갈 수 있을까? 긴장감이 적지 않았던 첫 수업 시간이었다.

기대 밖 일주일 만의 월반

프랑스어 관련 능력시험 중에서 우리나라뿐 아니라 세계적으로 가장 많이 치러지고 있고, 그만큼 국제 공신력을 최고로 인정받는 것은 'DELF(델프)/DALF(달프)'라는 시험이다. 이 시험은 원래 프랑스어를 배우는 외국인의 언어 구사능력 수준을 프랑스 교육부에서 객관적으로 평가·인증할 수 있도록 만들어진 제도로, 1985년에 처음 시행되었고 1992년에 한 차례 개정되었다. 그리고 2005년 9월부터는 유럽위원회 *Conseil de l'Europe* 내의 언어정책 부서가 연구 끝에 내놓은 '유럽 공용 외국어 등급표'에 따라 인정 급수가 A1, A2, B1, B2, C1, C2의 여섯 단계로 나뉘었고, 이후 프랑스 현지 어학원에서는 모두 이 분류법을 기준으로 학생들의 반을 정하고 그에 맞는 수업을 진행하고 있다. 앞서 페루에서의 스페인어 연수에서도 똑같은 평가 방법을 사용하고 있었다.

이 기준에 따라 툴루즈에서 B2 1반으로 수업을 듣기 시작했는데, 바로 둘째 날 중간 휴식 시간에 담당 선생님이 잠깐 보자며 복도로 불러냈다. 학원의 B2 반에는 두 등급이 있는데 이 중 C1 레벨 진입 직전의 상급반으로 옮기는 것이 좋겠다는 의견이었다. 자신이 첫날 지켜보니 구사하는 어휘 수준이 월등히 높아 지금 반에서는 다른 학생들과의 균형을 맞추기가 어렵겠다는 평가였다. 마다할 이유가 없었고 솔직히 기분이 들뜰 정도로 좋았다. 그동안의 꾸준한 노력이 보상받는 듯한 보람이 절로 느껴졌다.

　다만 매주 월요일마다 반 편성을 새롭게 한다는 규정에 따라 그다음 월요일부터 반을 옮겨 수업을 듣게 됐다. 일주일 만에 학창시절에도 경험하지 못한 월반을 하게 된 셈이었다. 그렇게 그다음 주부터 시작된 B2 2반에는 나를 포함해 총 여덟 명의 학생이 있었다. 저번 반에는 열 명 가운데 이란 학생이 네 명이나 됐는데 이번에는 서로 친구 사이인 콜롬비아 출신 여학생이 세 명이나 됐다. 그 외 사우디아라비아 두 명 그리고 베트남, 중국 출신이 각각 한 명씩이었다. 연령대는 이번에도 대부분 20대였고 나머지 두 명은 각각 30대와 10대 후반의 여학생이었다.

　B2 2반은 이전의 1반보다 수업 내용도 어려웠고 학생들의 수준 역시 높다는 느낌을 받았다. 하지만 한편으로는 실력으로 충분히 경쟁할 수 있다는 자신감도 들었다. 그런데 문제는 발음이었다. 큰 목소리로(성량은 자신이 있으니까) 나름 또박또박 이야기하는데도 가끔 선생님이 고개를 갸우뚱했다. 그런데 내가 듣기에 어떤 학생은 작은 목소리로 명료하지도 않게 말하는 것 같은데 선생님은 잘 알아들었다. 역시 발음이 다른 것이다! 그러나 어쩌겠는가. 53세에 처음으로 프랑스어를 배우기 시작한 경상도 출신 남자라는 배경은 발음에 관해서는 이미 구멍 난 그릇이나 다를 바 없었다. 그러나 달리 생각해보면, 엎지른 물은 다시 담을 수 없지만 구멍 난 그릇의 물은 어떻게든 틈을 막아가면서 마실 수는 있지 않

겠는가!

　사실 툴루즈에 가기 전에, 어렵다는 프랑스어 공부도 멋있게 해내서 성공적인 시니어 어학연수의 모범을 보이겠다는 다소 치기 어린 목표를 세웠었는데, 그 초심을 잃지 않겠다는 각오는 여전했다. 물론 점점 녹슬어가는 머리와 둔해지는 순발력이 그 의지를 얼마나 받쳐줄지는 자신이 없었으나, 두 번 다시 오지 않을 어학연수의 기회를 실패담으로 만들고 싶은 생각은 추호도 없었다. 젊었을 때 두 번, 세 번을 외웠다면 지금은 다섯 번, 열 번을 외워서 저하된 기억력을 상쇄하자! 오로지 이런 정신이었다.

바라고 바라던
최상급 반으로

B2 1반에서 B2 2반으로 월반한 후에는 그 기쁨만큼이나 어려워진 수업 내용에 중압감도 꽤 느꼈다. 무엇보다도 일주일 단위로 끊임없이 평가가 이루어지고, 그 평가가 매주 발표되는 새로운 반 편성에 반영된다는 점이 스트레스였다. 각종 숙제와 퀴즈형 시험은 물론, 한 달에 한 번씩은 아예 델프/달프 정식 시험 기준에 맞추어 나에게는 필요도 없는 작문을 포함한 평가시험을 치러야만 했다. 이제 나이도 어느 정도 있고 하니 시험이라는 압박감에서 벗어나 회화 위주로 공부하고 싶다고 느슨하게 생각했었는데 '이게 웬 괜한 고생인가!'라는 생각이 절로 들었다.

그러나 주어진 상황을 피해갈 수는 없었다. 대부분 40, 50년 가까이 나이 차이가 나는 동료 학생들도 각자 저마다의 사연을 지니고 열심히 공부에 임했다. 대부분 취업이나 학교 진학을 목표로 현지에서 장기체류 중인 사람들이었고 그중에는 프랑스인과 결혼하여 가정을 꾸린 사람도 있었는데, 당연히 공부 효율이 높을 수밖에 없었다. 게다가 스페인 및 중남미 등 스페인어권 학생들은 프랑스어와 스페인어의 언어 유사성 때문에 기본적으로 프랑스어 학습에 월등히 유리한 위치에 있었다.

나의 경우는 앞서도 언급한 발음 문제가 항상 고질적인 약점으로 대두되었다. 무엇보다도 선생님이 시범을 보이겠다고 나서서 하는 발음과 내 발음의 차이 자체를 구별할 수가 없었다. 발음과 연결되어 청취력에서도 약점이 보였다. 그런데 청취는 청취력 자체를 떠나 이제는 집중력 저하가 더 큰 문제였다. 긴장 속에서 애써 듣다가도 시간이 조금만 지나면 나이 탓인지 어느새 정신이 산만해지는 것이 느껴졌다. 그럴 때면 순간순간 가벼운 좌절감이 찾아왔지만, 그 정도에 물러설 정신 자세라면 이때까지 어떻게 버텨가며 공부를 이어왔겠는가! 다행히 문법과 독해력 그리고 돋보이는 어휘력이 약점을 보충해주는 훌륭한 버팀목 역할을 해주었다. 동료 학생들도 모르는 단어가 나오면 반사적으로 나를 쳐다볼 정도가 되었고, 선생님들도 나에게 모르는 단어가 없다고 칭찬을 아끼지 않았다.

포기를 모르는 자에게 주어지는 상장

그런 가운데 수업 7주째인 6월 21일 드디어 바라고 바라던 C1 반에 진입하게 되었다. 7주째 수업을 담당한 선생님이 마지막 수업 시간 미리 귀띔해주었는데, 막상 그다음 월요일 게시판에서 C1 반 명단에 오른 내 이름을 보니 기분이 그렇게 좋을 수가 없었다. 기쁜 나머지 반 편성표를 사진으로 찍어둘 정도였다. 사실 이번 어학연수의 최종 목표가 10월 초에 귀국하기 전에 어학원의 최고급 반인 C1 반에 턱걸이를 해서라도 들어가보는 것이었다. 그런데 전체 연수 과정의 절반도 채 지나기 전에 그 목표를 달성한 것이다. 스스로 평가해봐도 53세에 프랑스어 공부를 시작해서 70을 바라보는 나이에 이 정도 성과를 거둔 예는 어디서도 찾아보기 쉽지 않으리라 생각되었다. 그렇지만 여전히 실력은 한참 부족했고 갈 길은 멀다는 것을 매일 절감했다. 다만 이왕에 애써 걸어온 길이니 초심을 잃지 않고 더욱 꾸준히 그리고 더욱 성실하게 계속 같은 길을 걸어갈 결심을 한 번 더 다졌다.

프랑스어로
시를 쓰다

돌이켜보면 그간 글은 어지간히 썼던 것 같다. 수많은 학술 논문은 교수로서의 책무이기 때문에 논외로 하더라도, 일종의 선택지라고 볼 수 있는 단행본도 당시까지 전공 서적 여덟 권에 전공과 관계없는 책 다섯 권까지 출간했으니 글쓰기에 관해서는 어떤 미련도 없다고 볼 수 있었다. 그러나 그런 중에도 문학과 관련된 글에는 특별한 재능이 없다고 생각했고 사실 관심도 없었다. 학창시절에도 문학 창작 활동에 대한 추억은 전혀 없었다. 하물며 시의 영역에 관해서는 말할 필요도 없었다. 아예 시적 감수성 자체가 부족하다고 여겨 엄두도 낼 수 없는 아득하게 먼 분야로 줄곧 생각해왔다.

그러다가 프랑스에 어학연수를 왔고 어쩌다가 학원의 최고급 반인 C1 반까지 오다 보니 교과과정 중에 프랑스 시에 대한 수업까지 듣게 되었다. 아르튀르 랭보, 샤를 보들레르 그리고 《레미제라블》로 유명한 빅토르 위고 등 프랑스를 대표하는 유명 시인들의 주옥같은 작품을 원어로 감상하는 시간을 가졌다. 비록 직접 시를 쓸 능력은 못 되지만, 대가들의 작품을 통해서나마 언어의 현란한 예술성을 체험하자니 뿌듯함과 즐거움이 동시에 느껴졌다. 그런데 이어서 2, 3일에 걸쳐 프랑스 시 작법에 대한 기초적인 학습이 진행되더니 느닷없이 학생들에게 그다음 날 각자 프랑스 시를 한 수씩 지어오라는 숙제가 떨어졌다. 물론 특별한 부담감을 느낄 필요 없이 배운 규칙에 맞추어 편하게 쓰면 된다는 담당 선생님의 사전 격려가 있었지만, 학생의 마음이 어디 그렇겠는가.

아무튼 숙소로 돌아와 시를 쓴답시고 생각을 가다듬어보았다. 몇 가지 정해진 표현법이 들어가야 한다는 조건도 쉽지 않았지만, 무엇보다도 각운을 맞춰야 하는 규칙이 가장 어려웠다. 그러나 어쨌든 숙제는 숙제였다. 그렇게 엉겁결에 난생처음 한글로도 써본 적 없는 시의 영역에 프랑스어로 데뷔를 하게 되었다. 그런데 막상 4-4-3-3 형식의 '소네트sonnet'를 만들어놓고 보니, 스스로도 은근히 만족스러웠고, 발표 시간에 낭독을 들은 담당 선생님과 동료 학생들의 반응도 상당히 좋았다.

La Rêve d'une Luciole

Au calme froid de lune, frêle et beau.

Qui fait rêver la luciole dans la nuit de lumière?

Au silence blanc de neige, parfumé d'eau.

Qui fait soupirer l'homme dans la terre étrangère?

Ton esprit haut comme le ciel,

D'une jeune luciole.

Ton muscle léger comme les ailes,

D'une vieille luciole.

L'horizon rêvé

La lumière espérée

Le blanc après le noir, il a negligé.

Son nom?

Son ton?

Le gris après le bleu, il a oublié.

내친김에 주위의 호평에 힘입어 다음과 같이 한국어로도 번역을 시도해봤다.

반딧불의 꿈

달의 차가운 고요함, 가냘프고 아름답다.

누가 반딧불을 빛의 밤 속에서 꿈꾸게 했는가?

눈의 하얀빛 침묵, 물 향기가 나네.

누가 그 사람을 이국에서 한숨짓게 하였는가?

너의 기상은 하늘처럼 높고,

젊은 반딧불이여.

너의 근육은 깃털처럼 가볍다.

늙은 반딧불이여.

꿈꾸던 지평선.

바라던 불빛.

검은색 뒤의 흰색, 그는 무시했다.

그의 이름?

그의 말투?

푸른색 뒤의 회색, 그는 잊었다.

물론 전문적인 관점에서 볼 때는, 시의 예술성이나 완성도 면에서 형편없는 졸작이겠지만 추억만큼은 두고두고 아름다운 시적 여운으로 남을 것으로 생각되었다. 담당 선생님은 코로나바이러스 사태 이전에는 우수한 학생들의 작품을 복도 벽에 전시하기도 했는데, 이 시도 그럴 자격이 충분하다며 위에 건의하겠다고 했으나 아쉽게도 내가 프랑스를 떠날 때까지 이뤄지지는 못했다. 그렇지만 프랑스어로 시까지 썼는데 앞으로 더 높은 수준의 공부인들 못 할 이유가 있겠느냐는 자신감을 얻은 것은 큰 수확이 아닐 수 없었다.

오묘하고 괴상한
프랑스어의 세계

세계 어떤 언어든 그 나름의 독특함이 있기 마련이다. 그러나 그
중에서도 프랑스어는 그 오묘함과 기괴함에서 가히 독보적이다.
무엇보다도 숫자 세기가 너무 독특하다. 일본의 정치가 아소 다
로는 92대 일본 총리를 역임한 인물로 직설적 화법과 엉뚱한 실
수로 구설에 많이 올랐었다. 그럼에도 현재까지 일본 정치계에서
큰 영향력을 과시하고 있는 장수 정치인이기도 하다. 그런 그가
2005년 일본 외무상에 재임하고 있을 때의 일이다. 당시 일본과
프랑스 사이에 외교적 갈등이 생겼는데, 아소 외무상이 기자 앞에
서 불쑥 "70 이상 숫자는 셀 줄도 모르는 나라가…"라며 말을 꺼

냈다. 일본 기자들은 부랴부랴 이 말이 무슨 뜻인지 조사해 보도 했고, 이 외신기사에 흥미를 느낀 우리나라 일부 일간지도 흥미로운 프랑스의 숫자 세기에 대해 해설을 곁들여 보도했다. 나도 당시에는 프랑스어를 전혀 모를 때라 기사를 보고 그런 희한한 셈법이 현대 문명국가에 존재한다는 점에 무척 재미있어한 기억이 난다.

그러면 과연 이 발언의 내용이 무엇인지 조금 더 구체적으로 살펴보자. 역사적으로 보면, 중세까지 프랑스에서는 숫자를 셀 때 모두 이십진법을 채택했다고 한다. 이십진법이란 오늘날 우리에게 익숙한 십진법 대신 숫자 '20'을 중심으로 모든 수 체계가 이루어지는 것을 말한다. 프랑스에 대규모로 거주하며 이십진법을 썼던 켈트족과 바이킹의 영향 때문이라는 설이 가장 유력하지만, 한편으로는 이십진법이 십진법보다 큰 물량을 계산할 때 유리하기 때문에 당시 상업이나 통상 거래에 널리 사용된 이유도 무시할 수 없다. 어쨌든 당시 프랑스에서는 이십진법을 사용해서 오늘날의 30_trente_, 40_quarente_, 60_soixante_까지도 모두 20+10_vingt et dix_, 2×20_deux vingts_, 3×20_trois vingts_ 하는 식으로 불렀다.

그러다가 중세 말경 십진법이 본격적으로 프랑스에 도입되기 시작했다. 그러면서 숫자들이 자연스럽게 하나둘씩 십진법 형태로 바뀌기 시작했는데 어떤 이유에선지 그만 69에서 그치고 말았다. 그 결과 알다시피 오늘날 10, 20, 30, 40, 50, 60은 십진법으로 명명되고, 70부터는 여전히 이십진법을 사용해 70은 '60+10 _soix-ante-dix_'으로, 80은 '4×20_quatre-vingts_'으로 그리고 90은 '4×20+10_quatre-vingt-dix_'으로 말하는 십진법과 이십진법의 혼용 시대가 되었다. "70 이상의 숫자는 셀 줄도 모르는 나라"라는 아소의 표현은 바로 여기에 근거를 둔 발언이었다.

문제는 주위에서 보기에는 어색하고 기괴하기까지 한 이런 숫자 시스템을 정작 프랑스인 자신들은 전혀 불편하게 여기지 않는다는 것이다. 그들은 'quatre-vingts'을 우리처럼 '4×20'으로 인지하지 않고 그냥 80을 가리키는 하나의 단어로 자연스럽게 생각한다. 이 때문에 앞으로도 오랫동안 독특한 프랑스식 숫자 세기 방법은 유지되리라 생각된다.

또 다른 프랑스식 이상한 셈법에 주_week_를 표시하는 방법이 있다. 즉 8일 _huit jours_, 15일 _quinze jours_이라고 표현하면서 이를 각각 일주일, 2주일의 의미로 사용한다는 점이다. 이 때문에 심지어 영국식 영어에서 2주일, 즉 14일을 의미하는 fortnight를 프랑스어로 번역하면 quinze jours, 즉 15일이 되는 코미디 같은 상황이 벌어진다. 도대체 무슨 이유에서일까?

인터넷에는 7일 _sept jours_, 14일 _quartoze jours_에 비해 8일, 15일이 발음하기가 쉬워 그렇게 되었을 것이라는 재미있는 의견까지 나오고 있지만(실제로 발음이 훨씬 부드럽다), 가장 보편적이고 설득력이 있어 보이는 이론으로는 과거 유럽에서는 기점이 되는 당일까지 계산에 넣는 셈법이 있었는데 그 흔적이 공교롭게 오늘날까지 프랑스어에 남아 있기 때문이라는 것이다. 즉 금요일에서 다음 금요일까지는 꼭 일주일이지만, 시작하는 금요일까지 날로 넣어 계산하면 8일이 되고, 2주 후 금요일은 15일이 되기 때문에 그런 식으로 사용했다는 주장이다.

가장 눈에 띄는 예를 하나 들어보자. 기독교에서 '예수가 죽은 지 사흘 만에 부활했다'는 것은 가장 중요한 교리 중 하나다. 그런데 당시 예수의 죽음은 금요일 3시였고 부활은 일요일 새벽 미명이었기 때문에 요즈음 표현대로라면 이틀 만에 부활한 것이 되어야 한다(실제로는 만 이틀도 채 안 된다). 그렇지만 앞서 말한 당시의 날짜 계산법으로 사흘이 되었다는 것이다. 자 어떤가, 그렇게 생각하면 그럴듯한 논리가 아닌가.

발음은 아름답지만

프랑스어에 대한 우리나라 사람의 일반적인 인상 중 하나는 그 발음이 매우 아름답다는 것이다. 마치 노래를 듣는 것과 같은 리듬감이 느껴지는 프랑스어를 듣고 있노라면 프랑스가 각종 예술 분야에서 유난히 두각을 나타내는 것도 바로 그들의 언어 때문이 아닌가 하는 생각이 들 정도다. 그러나 세상에는 얻는 것이 있으면

잃는 것도 있듯이 우리가 높이 평가하는 프랑스어 발음도 정작 학습자의 입장에 서면 갑자기 큰 장애로 다가온다. 왜냐하면 프랑스어의 아름다운 발음은 상당 부분 우리에게는 존재하지 않는 콧소리(비모음)와 많은 묵음의 존재에 기초하기 때문이다.

먼저 콧소리를 잠시 살펴보자. 우리말로 '앙', '엥', '옹', '욍' 등으로 표시될 수 있는 프랑스어의 콧소리, 즉 비모음은 우리나라 사람으로서는 습득하기 매우 힘든 발음으로, 사실 후천적 학습으로 제대로 발음한다는 것이 오히려 신기할 정도다. 그나마 다행인 것은 외국인이 프랑스어 발음을 할 때 설사 그들의 콧소리를 제대로 흉내 내지 못하더라도 의사소통에는 큰 문제가 없다는 점이다.

그런데 이런 비모음과 달리 수많은 묵음의 존재는 실제 의사소통에도 상당한 영향을 끼칠 수 있어 각별한 주의해야 한다. 예를 들어 bras(팔), delicat(섬세한), nez(코), prix(가격) 등은 각각 브하, 델리까, 네, 프히 등으로 발음된다. 발음을 들으면 그럴 바에야 왜 s, t, z, x 같은 철자를 단어 끝에 붙이고 있는지 의문이 들 때가 많다. 또 fille(소녀), maison(집), gateau(과자) 같은 명사를 복수로 만들기 위해 각각 filles, maisons, gateaux 등으로 바꾸고 나서도 여전히 단수형과 똑같이 '피이으', '메종', '가또'라고 발음하여 애써 붙인 s나 x의 체면을 무시하고 묵음으로 처리하는 것도 이해하기 힘든 것은 마찬가지다.

그리고 '노래하다'라는 뜻인 동사 chanter를 1, 3인칭 단수에서는 chante로 2인칭 단수에서는 chantes로 그리고 3인칭 복수형에서는 chantent로 열심히 인칭과 수에 따라 다르게 변화시켜놓고도 정작 발음에서는 어미의 -e, -es, -ent를 모두 묵음 처리하여 똑같이 '샹뜨'라고 발음하는 것도 같은 맥락에서 이해하기 쉽지 않다. 게다가 '쏜', '보즈'로 발음되는 Saône(강 이름), Vosges(도시 이름)와 같은 단어를 보고 있노라면, 이것들이 과연 읽으라고 있는 단어인지 아니면 무슨 퀴즈를 위해 존재하는 단어인지 혼동이 될 정도다.

　　그러면 프랑스어에는 왜 이렇게 많고 다양한 묵음이 존재하는 것일까? 먼 옛날에는 프랑스어도 철자로 쓰인 것은 웬만큼 다 발음했다고 한다. 그런데 세월이 흐르면서 사람들이 점차 말하기 쉽고, 듣기에 아름답게 발음하기 시작했다. 그런데 이런 대중의 발음 변화와는 관계없이 당시 단어 표기법을 책임지고 있던 전문학자들은 단어의 어원을 알 수 있게끔 묵음으로 변한 철자도 가능한 그대로 유지해 쓰도록 규칙을 정했다는 것이다. 당시 일반 민중은 대부분 문맹이었고 철자 규칙 같은 문제에는 전혀 관심이 없었기 때문에 일부 소수 지식층의 이런 결정이 계속 이어질 수 있었다. 결과적으로 오늘날까지 이어진 프랑스어의 이러한 묵음 전통은 스님들의 기간 한정 묵언수행과는 달리 아마 영원히 깨지지 않을 것으로 생각된다.

옥외 좌석 문화를 사랑하는 프랑스

2021년 초부터 본격적으로 프랑스 어학연수를 준비할 때 가장 관건은 과연 대면 수업이 가능한가 하는 것이었다. 전년도에 페루에서 스페인어 연수를 할 때는 전혀 예상하지 못했던 상황에서 어쩔 수 없이 온라인 수업으로 전환해야 했던 아픈 기억이 있기 때문이었다. 그러니 대면 수업을 하든 말든 연수를 가겠다고 선뜻 나서기가 어려웠다. 온라인 수업이 아무리 그 나름의 이론적 장점이 있다고는 하지만, 어학 공부의 특성상 대면 수업이 주는 현장감과 그 효율성은 도저히 따라갈 수 없는 것 아니겠는가.

그런데 2021년 4월에 어학연수를 떠나려면 적어도 출발

2~3개월 전부터는 비용이 발생하는 행정 절차에 들어가야 한다. 툴루즈 현지 어학원에서는 1월 중순부터 대면 수업을 진행한다고 공지한 상태였지만 정확히 판단하기가 쉽지 않았다. 당시 프랑스의 코로나바이러스 상황은 악화일로였기에 언제 어학원 폐쇄를 동반한 사회적 재격리령이 발표될지 전혀 예상할 수 없었다.

그러나 매일같이 인터넷으로 프랑스의 상황을 점검하면서 프랑스 정부가 어떻게든 전면적인 재격리령만은 피하려 한다는 방침이라는 것을 느낄 수 있었다. 우선 가장 중요한 결정권자인 마크롱 대통령이 반대 입장이었다. 2018년에 만 39년 4개월의 젊은 나이로 프랑스 제25대 대통령으로 취임한 그는 2022년 선거에서 반드시 재선에 성공하겠다는 강력한 의사를 이미 여러 차례 피력한 상태였다. 단임으로 끝난 전임 대통령 니콜라 사르코지와 프랑수아 올랑드의 전철을 밟지 않겠다는 정치적 의지도 강했지만 무엇보다도 아직 너무 젊었다. 이런 그에게 바로 앞선 선거에서 결선투표까지 가서 경쟁했고, 당시 높은 인기를 누리고 있던 극우 정당의 마린 르 펜의 존재는 상당한 압박감으로 작용했다. 이런 상황에서 그로서는 경제 회복과 프랑스 민중의 자유권 확립이라는 명분 아래, 한사코 전면적인 재격리령만은 피하려는 정치적 승부수를 던지고 있는 상태였다.

어쨌든 나름의 현지 형세 분석을 바탕으로 고심 끝에 각종 비용을 선지급하면서 행정 절차를 감행했고, 이후 툴루즈까지 다행히 특별한 문제 없이 도착했다. 현지에서의 상황도 예상에서 크게 벗어나지 않았다. 교실 내에서 마스크를 쓴다 뿐이지 모든 수업 과정은 대면으로 정상적으로 이루어졌다.

이런 가운데 더욱 고무적으로 내가 툴루즈에 도착한 지 얼마 지나지 않은 4월 29일에는 대통령 발표로 4단계 사회정상화 방침이 공표되었다. 즉 5월 3일부터는 1단계로 주거지에서 10킬로미터 이상 이동제한 해제와 중고등학교 수업을 재개하고, 5월 19일부터의 2단계에서는 통행금지 시간을 저녁 7시 시작에서 9시 시작으로 단축하는 동시에 비록 수용인원을 제한한다는 단서가 붙기는 했지만 비필수 상업시설, 식당 및 카페의 야외 좌석, 미술관, 박물관, 극장, 공연장, 스타디움 등을 오픈한다는 내용이었다. 그리고 6월 9일부터 시작되는 3단계에서는 통행금지 시작을 밤 11시로 하고, 수용인원 축소 상태에서 식당 및 카페의 실내 좌석 및 실내 체육시설을 오픈하고, 최종적으로 6월 30일부터는 통행금지를 해제하는 동시에 모든 시설의 수용인원을 정상화한다는 계획이었다.

이후 실제로 제1단계 조처가 시행되고 나서 프랑스 국민의 반응은 다소 덤덤해 보였다. 그런데 제2단계로 식당 및 카페의 야외 좌석, 즉 테라스의 개방이 임박하자 완전히 축제 분위기가 되었다. 그 며칠 전부터 이어지는 TV 뉴스를 보면서 프랑스인의 일상생활에서 테라스 이용이 얼마나 중요한 문화 요소인가를 절감했다. 어학원 선생님들도 모두 들떴고 학생들도 그런 분위기에 적극적으로 동참했다. 툴루즈의 심장이라고 할 수 있는 카피톨 광장에서는 테라스 허용 바로 전날 이를 축하하기 위해 광장의 바닥에 새겨진 '옥시탄 십자가'를 꽃으로 장식하여 보는 이들의 눈을 즐겁게 해주었다. 이윽고 5월 19일이 되자 누구보다도 마크롱 대통령이 먼저 움직였다. TV로 생방송이 되는 가운데 한 카페로 찾아가 테라스에서 카스텍스 총리와 마주 앉아 즐겁게 담소를 나누는 장면을 연출한 것이다. 아마 속으로도 자신의 정치적 승부수가 보기 좋게 통한 것을 자축하고 있었을 것이다.

나도 개인적으로 역사적 현장에서 그 변화의 기록을 간직하고자, 학원에서도 가까운 시내 중심지에 있는 카피톨 광장과 생조흐주 광장의 테라스 두 곳을 골라 그 전후 변화를 사진으로 남겨보았다. 바로 전날 오후 1시 30분경 텅 빈 의자만 놓여 있던 곳이 불과 하루 지난 같은 시간대에 그야말로 상전이 벽해가 되는 변화를 보였다. 프랑스인들은 그들의 몸속 깊이 스며 있는 테라스 문화의 여유를 즐기지 못한 채 무려 7개월 가까이를 과연 어떻게 살아왔을까? 아무튼 본의 아니게 코로나바이러스 시국에 프랑스에 어학연수를 와서 그들의 테라스 문화를 또 다른 측면에서 관찰하는 좋은 기회를 가진 셈이었다.

빵을 빵이라
부르지 못하고

프랑스는 자타가 공인하는 세계적인 빵의 대국이다. 맛있을 뿐 아니라 종류도 다양하고, 그런 만큼 세계 각국의 빵 문화에 미치는 영향력도 대단하다. 이는 우리나라 곳곳에서 만나볼 수 있는 대부분의 빵집 체인점이 프랑스식 이름을 채택하고 있는 데서도 잘 드러난다. 나도 툴루즈에 도착한 당일, 동네 빵집에 들러 바게트를 하나 샀다. 가격은 0.95유로(1,300원 정도)였는데, 긴 바게트를 우리나라식으로 썰어서 봉투에 담아 주는 것이 아니라, 있는 그대로 손으로 잡는 가운데 부분만 종이로 싸서 주었다. 문득 '베레모를 쓴 중년 남성이 퇴근길에 긴 바게트를 사서 손에 들고 가는 모습'

으로 상징되는 전형적인 프랑스인의 자화상이 떠올랐다. 아무튼 그렇게 바게트를 손에 들고 숙소로 걸어가다 보니, 툴루즈에 온 지 반나절도 되지 않아 벌써 현지인이 된 것 같은 착각이 들었다. 모르긴 몰라도 내 모습을 본 실제 현지인들도 적어도 반나절 풋내 기라고는 상상하지 못했을 것이다.

그런데 흥미롭게도 프랑스에서의 빵은 우리나라에서의 빵과 사뭇 개념이 다르다. 프랑스에서는 우리가 아는 빵을 'Pain(빵)'과 'Viennoiseries(비에누아즈리)'라는 두 가지로 나누어놓고 있는 데, 문제는 우리가 이때까지 줄곧 빵이라고 부르던 것 중 상당수 가 분류상 빵에 속하지 않는다는 것이다. 빵이 빵이 아니라니!? 그 렇다면 빵과 구별되는 '비에누아즈리'란 도대체 무엇인지, 그것부 터 먼저 따져봐야 할 것이다.

비에누아즈리를 글자 그대로 풀면 '비엔나의 것'이라는 뜻인 데, 제빵의 세계에서는 통상적으로 '비엔나 풍의 빵'을 의미한다. 과거 1838년(1839년이라는 설도 있다) 오스트리아의 포병 장교 출신 이었던 아우구스트 장이라는 사람이 프랑스 파리로 와서 '블랑주 리 비에누아즈(비엔나식 빵집)'라는 빵집을 열었다. 당시 이 빵집에 서 만든 빵들이 파리 시민에게 폭발적인 인기를 얻으면서 그곳에 서 파는 스타일의 빵을 모두 '비에누아즈리'라고 자연스레 부르 게 된 것이다.

그런데 이 비에누아즈리에는 우리에게도 잘 알려진 빵인 크루

아상을 필두로 빵오쇼콜라, 빵오헤장, 쇼송오뽐므 등이 속해 있다. 이들은 빵이 아닌 것이다. 더욱 역설적이게도 빵오쇼콜라나 빵오헤장은 이름에 빵이라는 말이 엄연히 들어 있는데도, 정작 분류상으로는 빵 취급을 받지 못한다. 이들 빵의 입장에서는 그야말로 아버지를 아버지로 부르지 못하는 홍길동의 심정이 아닐 수 없을 테다.

프랑스가 인정하는 진정한 빵

그러면 과연 프랑스에서 진정한 빵으로 인정받는 것은 무엇일까? 바로 앞서 말한 바게트를 대표주자로 하는 껍질이 딱딱하고 단맛이 없는 빵 종류가 여기 속한다. 그 밖에 우리나라에서는 식빵이라고 불리는 '빵드미'가 간신히 턱걸이를 하듯 이 분류에 속해 있다. 그 외에 우리가 빵으로 부르는, 적당히 단맛이 나는 것은 모두 비에누아즈리인 것이다.

빵과 관련해 또 하나 파티스리 *Pâtisserie*라는 단어를 빼놓을 수 없다. 프랑스 빵집, 즉 블랑주리 *boulangerie*는 대부분 파티스리를 겸하고 있기 때문이다. 우리나라에서 디저트류라고 부르는 것들이 여기에 포함되는데, 이런 것을 파는 집을 가리키기도 한다. 블랑주리가 '빵 굽기'를 뜻하는 불랑주 *boulange*라는 단어에서 온 것에서 알 수 있듯 뜨거운 것을 다루는 곳이라면 파티스리는 차가운 재료를 다루는 영역이라고 할 수 있다. 그런데 그 이름이 빵이든 비에누아즈리든, 아니면 파티스리를 겸하든 간에 프랑스에서는 이들을 취급하는 전문매장을 어디서든 쉽게 만나볼 수 있다. 그만큼 많다는 의미인데 보통은 매장 앞에 '블랑주리, 파티스리'라는 간판을 내걸고 있다. 제빵사(블랑제)는 빵과 비에누아즈리를 모두 취급할 수 있지만, 파티스리를 만들고 팔려면 따로 제과사 자격증이 필요하기 때문이다. 또는 제빵사와 제과사라는 의미에서 '블랑제, 파티시에'라는 간판을 달기도 하는데 결국은 같은 의미다.

오크어?
오크족의 언어인가요?

툴루즈 시내를 거닐다 보면 프랑스어 이외에 또 다른 언어가 병기된 거리 표지판이나 공공시설 안내판이 보인다. 도대체 이 언어의 정체는 무엇일까? 분리 독립운동으로 세계적인 관심의 대상인 스페인의 카탈루냐 지역처럼 툴루즈에도 프랑스어 이외에 별도의 제2언어가 존재하기라도 한단 말인가?

먼 옛날 로마제국이 인근 국가들을 차례차례 점령해나가면서 국어인 라틴어도 자연스럽게 각 점령지로 퍼져나갔다. 라틴어는 각 지역의 토속어와 섞여 '통속 라틴어'의 형태로 변형되면서 대중적으로도 널리 사용되었다. 그러다 로마제국이 점점 쇠퇴하고 결국은 멸망을 맞이하면서 통속 라틴어도 여러 갈래의 변화를 거친다. 그중 몇몇 언어는 오늘날의 프랑스어, 이탈리아어, 스페인어, 포르투갈어, 루마니아어와 같이 한 국가의 공식언어가 되기도 하고 일부 언어는 희미한 흔적만 남긴 채 역사의 전면에서 사라지기도 했다.

그런데 우리가 오늘날 프랑스어라고 부르는 언어는 중세까지만 해도 프랑스 전역에서 사용되는 공용언어가 아니었다. 당시의 프랑스에서는 르아르강 북부에서 사용되던 오일어 *Langue d'oïl*와 르아르강 남쪽, 즉 오늘날의 옥시타니 지역에서 주로 사용되던 오크어 *Langue d'oc*가 대표적으로 사용되고 있었다.

아마 우리나라 사람 대부분은 오크어라고 하면 〈반지의 제왕〉에 나오는 험상궂은 오크족의 언어를 떠올릴 것이다. 어쩌면 오일어는 '오일머니'의 오일과 연관을 지을지도 모른다. 그런데 이 흥미로운 명칭은 유명한 이탈리아의 시인 단테로부터 시작되었다고 한다. 그는 당시 'yes', 즉 우리말의 '예'를 프랑스 북부인들은 '오일'이라고 하고, 남부의 옥시타니 지역 주민들은 '오크'라고 말하는 데서 착안해서 두 언어에 해당 이름을 붙여 구분했다. '오일'은 훗날 변화를 거쳐 오늘날 프랑스어의 '예', 즉 '위 *oui*'가 된다. 로마 영향권 내에서의 속어(토착어)에 관심이 있던 단테는 〈토착어에 관하여 *De vulgar eloquntia*〉라는 그의 글에서 유럽 언어권을 그리스, 게르만-슬라브, 남유럽의 세 지역권으로 크게 나눈 다음 남유럽 언어를 다시 '예'의 발음에 따라 앞서 말한 오일어와 오크어 그리고 이탈리아의 '시_si어'로 분류했던 것이다.

이 중 오크어는 11~12세기 무렵 남프랑스에서 활동했던 트루바두르, 즉 음유시인들에 의해 전성기를 누렸다. 그들은 유럽 이곳저곳을 떠돌며 오크어로 대중에게 이야기를 들려주며 큰 인기를 얻었는데, 자연스럽게 오크어도 상당한 영향력을 갖게 되었다. 그런데 이렇게 중세에 프랑스 남북에 걸쳐 오일어와 함께 강한 영향력을 행사하던 오크어는 어느 날 역사의 전면에서 사라지고 결국 북부의 오일어가 오늘날의 프랑스어로 자리 잡았다. 과연 무슨 사연이 있었던 걸까?

정치적으로 중세까지 프랑스의 남부 옥시타니 지역은 사실상 북부의 왕권이 제대로 미치지 않는 영역이었다. 그런데 1209년 북쪽이 지배권을 잡는 결정적인 사건이 일어난다. 바로 카타리_Cathari파의 이단 사건이었다. 카타리파는 12세기에서 13세기까지 툴루즈를 중심으로 프랑스 남부에서 크게 번성했던 그리스도교의 한 교파였다. 그들은 세상에는 두 신이 있다고 믿었는데 하나는 정신세계를 지배하는 선한 신이고 다른 하나는 물질세계를 지배하는 악한 신이었다. 카타리파는 선한 신을 따르는 교리에 따라 근검절약하는 금욕 수행으로 모범을 보이는 한편, 당시 가톨릭의 물질주의를 맹비난하면서 대중의 큰 호응을 얻었다. 결과적으로 카타리파는 옥시타니 지역에서 점차 영향력을 확대하고, 지역 귀족의 비호는 물론 심지어 교황청의 영향력이 미치는 것을 싫어했던 적지 않은 지역 주교들의 동조까지 얻게 된다.

이런 카타리파를 이단으로 간주한 당시 로마 교황 이노센트 3세는 마침내 1209년 옥시타니 지역에 대한 십자군 출정을 명령하는 칙서를 선포하기에 이른다. 카타리파에 대한 공격을 성지 수복을 위한 십자군 전쟁과 동일시한 것이었다. 칙서에는 이단의 근원인 지역 주민을 모두 살해하라는 내용까지 있었는데 이는 로마 교황청의 카타리파에 대한 증오가 얼마나 심했는지를 단적으로 보여준다. 어쨌든 교황의 요구는 당시 툴루즈 백작이 주도하고 있던 프랑스 남부의 지배권을 자신의 왕권 아래 확실히 두고자 했던 북부 왕조의 필리프 2세와 귀족들의 야심과 맞아떨어졌다. 당시 옥시타니 지역은 무엇보다도 사용 언어가 달랐고 이에 따른 문화적 차이도 커 이질감이 상당했다. 그런 상황에서 북부 귀족들로서는 종교적 이유를 떠나 눈에 거슬리던 남부 영주들을 제거할 좋은 정치적 명분을 얻은 셈이었다. 결국 이 출정은 카타리파 신도뿐 아니라 엄청난 수의 무고한 주민들의 희생을 낳았고 20년 후인 1229년에 툴루즈 백작이 완전히 항복하면서 끝을 맺었다. 그리고 그 후 툴루즈와 옥시타니 지역은 프랑스 왕실 영토에 완전히 흡수되고 만다.

옥시타니 지역의 패퇴는 자연스럽게 오크어의 쇠퇴와 함께 프랑스 전체의 국가 공용어로서 오일어가 부상하는 결정적인 계기가 되었다. 그리고 오랜 시간이 지난 후인 1539년에는 프랑스 왕의 칙령으로 공식 사법·행정 용어로 라틴어 대신 오일어, 즉 현대 프랑스어의 사용 방침이 발표되었다. 그 이후 프랑스 국민에 대한 일반 교육 혜택이 점차 보편화되면서 대중은 점차 각 지역의 방언 대신, 오일어에 바탕을 둔 공용 프랑스어를 습득해나갔다. 이런 현상은 프랑스 혁명 이후 1880년대에 들어 더욱 강력한 통일 언어 정책으로 강화되었으며 제1차 세계대전 중에는 군대를 통해 현대 프랑스어의 보급이 더욱 가속화되었다. 이 때문에 1950년에 이르러서는 지역 방언이 거의 소멸될 정도였다. 다만 근래에 들어서 다시금 지역 방언의 활성화에 대한 인식이 조금씩 제고되고 있다.

옥시타니 지역의 중심인 툴루즈에서도 현재 거리 표지판이나 유적지와 공공시설의 설명문 등을 제외하면 오크어의 흔적을 찾아보기는 쉽지 않다. 그러나 어학원 선생님의 설명에 의하면 아직도 일부 학교에서는 프랑스어와 오크어를 함께 가르치기도 하고 옥시타니 전체로 보면 적어도 10만 명 이상의 주민이 오크어를 이해하고 구사할 수 있을 것으로 추정된다고 한다. 다만 또 다른 선생님의 설명대로 1980년대 전후로 전통 옥시타니 문화와 오크어 부흥 운동이 꽤 활성화되었지만 지금은 오히려 그 열기가 조금 가라앉은 상태라고 한다. 그럼에도 시내 곳곳에서 쉽게 만날 수 있는 옛 옥시타니 십자가를 모티브로 한 주기州旗의 문양들을 보면 지역 정서 속에 여전히 남아 있는 오크어의 흔적이 어렴풋이나마 느껴진다.

전통의 세계어,
프랑스어 연수를 마치며

2021년 9월 17일, 마침내 예정했던 20주간의 치열했던 프랑스어 어학연수가 끝났다. 프랑스어는 오늘날 우리나라에서는 그 중요성이 점차 줄어들고 있지만, 17~18세기 절대군주의 상징과도 같은 태양왕 루이 14세 시절부터 제1차 세계대전 발발 직후까지 유럽 전체에서 가장 영향력이 있는 정치·외교 언어였다. 당시는 유럽이 세계를 지배하는 상황이었기 때문에 프랑스어야말로 유일무이할 정도로 강력한 세계어였던 셈이다.

 그 후 제2차 세계대전을 거치면서 미국의 정치적·경제적 영향력이 결정적으로 강해지면서 자연스럽게 영어가 세계적인 공용어로 자리를 잡았다. 상대적으로 프랑스어의 위상은 현저히 감소했지만, 옛 영광의 흔적은 여전히 곳곳에 진하게 드리워 있다. 우선 프랑스어는 영어, 스페인어, 러시아어, 중국어, 아랍어와 함께 유엔의 여섯 개 공식 실무언어 가운데 하나다. 그뿐 아니라 유럽연합, 유네스코, 북대서양조약기구, 국제올림픽위원회, 국제축구연맹, 세계보건기구 등 수많은 국제기구의 공식 언어로 채택되고 있다.

이런 프랑스어의 여전한 영향력은 그 사용 국가 수에서도 여실히 드러난다. 현재 프랑스어를 국가 공용어로 사용하고 있는 나라는 모두 29개국으로 집계된다. 이 중 프랑스어를 유일한 공용어로 사용하는 국가는 모두 13개국으로 본국 프랑스를 위시하여 유럽에는 모나코가 있고 그 외 11개국은 모두 아프리카 국가로 베냉, 부르키나파소, 콩고공화국, 콩고민주공화국, 코트디부아르, 가봉, 기니, 말리, 니제르, 세네갈, 토고 등이다.

그리고 프랑스어를 다른 언어와 함께 국가 공용어로 사용하고 있는 나라도 16개국에 이른다. 유럽에서는 벨기에(프랑스어, 네덜란드어, 독일어)와 스위스(프랑스어, 독일어, 이탈리아어, 로망슈어) 그리고 룩셈부르크(프랑스어, 독일어, 룩셈부르크어)가 여기에 속한다. 그 밖에 아메리카 대륙에는 캐나다(프랑스어, 영어)가 있고 오세아니아의 남태평양에 있는 작은 섬나라 바누아투(프랑스어, 영어, 비슬라마어)도 프랑스어권이다. 나머지 11개국 역시 아프리카에 있는데 브룬디(프랑스어, 키룬디어), 카메룬(프랑스어, 영어), 중앙아프리카 공화국(프랑스어, 상고어), 코모로(프랑스어, 시코모르어, 아랍어), 지부티(프랑스어, 아랍어), 적도기니(프랑스어, 스페인어), 아이티(프랑스어, 아이티 크리올), 마다카스카르(프랑스어, 말라가시어), 르완다(프랑스어, 영어, 키냐르완다어), 세이셸(프랑스어, 영어, 크리올), 차드(프랑스어, 아랍어) 등이다.

이렇게 프랑스어를 공용어로 채택하고 있는 국가들 이외에도 과거 프랑스의 해외 식민지 영향으로 프랑스어를 상용어로 사용하고 있는 경우도 적지 않다. 북아프리카의 모로코, 알제리, 튀니지, 중동의 레바논 등이 대표적인 경우다. 베트남, 캄보디아 같은 동남아 국가에도 프랑스어 사용자가 은근히 많다. 이 때문에 프랑스어를 주요 외국어로 학습하고 사용하는 나라까지 합치면 프랑스어권에 해당하는 국가가 57개국에 이른다는 보고도 있다.

수업 마지막 날에 어학원에서는 B2 레벨에서 시작하여 C1 레벨에서 과정을 수료했다는 증명서를 발부해주었다. 사실 지금 생각해봐도 표면적으로나 내실로나 모두 대만족인 어학연수였다. 무엇보다도 강의실에서 마스크를 쓰고 있었던 것을 제외하면, 완전히 정상적인 대면 수업이 이루어졌던 것이 만족스러웠다. 동료 학생들의 출신 국가도 다양해서 공부의 재미도 더해주었다. 처음에는 중동, 남미, 아시아권 학생들이 주를 이루었으나 유럽에서의 코로나바이러스 사태가 조금씩 진정되기 시작한 후반부에는 스페인, 스위스, 벨기에, 안도라 등 유럽 국가 출신이 늘어나기 시작했다.

어학연수 첫 1주는 B2 입문반에서 시작했지만 바로 월반하여 B2 심화반에서 6주를 보냈다. 그러고는 이어서 어학원의 최고급 반인 대망의 C1 반에서 14주간 수업을 받았으니 애초의 기대를 훌쩍 넘는 성과라고 자부한다. 그 20주간 결석은커녕 단 한 번의 지각조차 하지 않았다. 동료 학생들과 40~50년 정도의 나이 차이와 발음 문제라는 고질적인 개인적 약점을 안고 있으면서도 수많은 구두 발표와 네 번의 정식 시험 과정을 잘 헤쳐나가며 세계 각국의 젊은이들과의 경쟁에서 버텨낸 나 자신의 어깨를 힘차게 토닥거려주고 싶었다.

교실에서의 수업과 더불어 각종 식도락 체험, 현지인들과의 다양한 접촉을 통해 실생활에서의 어학연수도 자연스럽게 해나갔다. 열악한 조건에서도 평생의 동지인 운동도 게을리하지 않았다. 코로나바이러스 사태로 체육관 시설 이용이 여의찮았지만 근육운동은 전년도의 페루에서처럼 한국에서 미리 준비해 간 고무밴드로 어떻게든 해결해나갔으며, 틈만 나면 툴루즈의 자랑거리인 미디 운하를 따라 뛰면서 신선한 공기를 만끽했다. 적지 않은 나이에도 규칙적인 운동으로 팽팽한 컨디션을 유지하면서 세계 각국의 젊은이와의 경쟁에서 떳떳하고 부끄럼 없는 결과를 도출하게 해준 '그 모든 것'에 최대한 겸허함을 품고 큰 감사를 드리지 않을 수 없었다.

장밋빛 도시 툴루즈에 대하여

사실 툴루즈는 프랑스 내에서 남서쪽으로 치우친 지리적 여건과 주변에 관광자원이 그렇게 많지 않다는 점 때문에 우리나라에서는 다소 생소하지만, 프랑스 내에서는 제4의 대도시이면서 최근 경제성장률과 인구 유입률로서도 최상위를 기록할 정도로 성장 잠재력이 큰 도시로 인정받고 있다. 실제 툴루즈에서 직접 생활해보니 과연 애초의 예상에서 크게 벗어나지 않았다. 도시는 바쁜 가운데서도 차분했고 조용한 가운데서도 생동감이 느껴졌다. 치안도 전반적으로 좋았다. 풍경은 고전적이면서도 환경친화적이라 편안한 느낌을 주었다. 그리고 그중에서도 도시의 오랜 역사를 무게 있게 품고 있는 듯한 옛 성당과 바쁘게 돌아가는 일상생활 중에 시민의 건강한 휴식처가 되어주는 초록색 공원의 존재는 특히 인상적이었다.

📕 장밋빛 도시

툴루즈는 지리적으로 보면 파리에서 남서쪽으로 약 680Km 정도 떨어져 있는데, 프랑스 4대 강의 하나인 가론강 부근에 위치하면서 남서부 최대의 교통, 산업, 문화의 중심지로 자리 잡고 있다. 이곳은 흔히 '라 빌 로즈 *La ville Rose*', 즉 '장밋빛 도시'라고 불리는데, 시청, 성당 등을 비롯해 일반 주택에 이르기까지 붉은 벽돌을 사용한 건물이 주를 이루고 있기 때문이다. 영어로는 핑크 시티로 번역되는데 엄격히 말하자면 우리가 흔히 연상하는 핑크빛의 밝은 분홍색은 아니고, 건물에 따라 짙은 붉은색이나 옅은 적황색을 띠기도 한다.

역사적으로 툴루즈에서 붉은 벽돌을 건축재로 사용하기 시작한 때는 로마의 지배하인 1세기까지 거슬러 올라간다고 한다. 당시 톨로사 *Tolosa*로 불리던 이곳은 도시를 관통하는 가론강이 오랫동안 천천히 이동하면서 범람해서 건축용 돌은 구하기가 어려웠지만 대신 지형적으로 점토가 매우 풍부했다. 그래서 이 점토를 활용해 벽돌을 만들어 집을 짓기 시작했는데 점토의 철산화물 농도가 높아 붉은색의 벽돌이 만들어 졌다. 수많은 붉은색 건물 중에서도 도심 중앙의 카피톨 광장을 둘러싸고 있는 건물들이 가장 인상적이었는데, 특히 툴루즈의 심장 카피톨이 그 중심에 있다. 카피톨의 매력은 단연 정면 모습에서 빛나지만 그 내부의 찬란함도 이에 못지않다. 현재는 툴루즈 시청으로서 행정의 중심 역할을 하는 동시에 웬만한 궁전에 뒤지지 않을 정도의 내부 장식으로 관광객의 방문이 끊이지 않는다.

🏛 찬란한 항공우주산업

오늘날 툴루즈의 경제를 찬란히 빛내는 것은 단연 항공우주산업으로, 실리콘밸리와 견주어 '아에로스페이스(항공우주) 밸리'로도 불릴 정도다. 툴루즈가 유럽 항공우주산업의 메카가 된 시작점에는 제1차 세계대전이 있다. 당시 프랑스 정부는 툴루즈의 지역 사업가인 라테코에르*Pierre-Georges Latécoère*에게 비행기 개발을 부탁했고, 전쟁 후 라테코에르는 그 비행기들을 활용해 툴루즈에서 아프리카와 라틴아메리카로 이어지는, 당시로서는 획기적인 항공우편 사업을 시작했다. 《어린 왕자》의 작가 생텍쥐페리도 바로 이때의 활약을 바탕으로 소설을 썼다. 이 회사는 훗날 합병되어 현재의 에어프랑스가 되었지만 오늘날 항공우주산업 분야에서 툴루즈가 영광의 자리를 차지하는 데 큰 기틀이 되었다. 툴루즈에서는 라테코에르사와 당시 근무했던 개척자들의 업적을 기리기 위해 옛 활주로를 중심으로 2017년부터 '항로航路의 공원'을 조성하여 운용하고 있다.

현재 툴루즈에는 항공우주산업 관련 500여 개 기업에서 10만 명이 훌쩍 넘는 종업원이 일하고 있는데, 무엇보다도 미국의 보잉사와 함께 세계 항공산업 분야를 양분하고 있는 에어버스 본사가 있다. 툴루즈 국제공항 근처에 있는 에어버스 본사의 생산라인에서는 A320, A350XWB, A330, A380 같은 기종이 최종 조립되고 있다. 방위산업과 우주산업을 담당하는 '에어버스 디펜스 앤 스페이스'도 이곳에 위치해 통신위성, 지구관측위성, 우주탐사 등 다양한 분야에서의 연구개발을 담당하고 있다. 또 항공 박물관인 '아에로스코피아'도 넓은 부지에서 방문객들을 맞고 있다.

이 밖에 유럽우주국과 프랑스 국립우주연구센터도 이곳에 있다. 이 때문에 유럽의 항공우주 전문인력 중 4분의 1에 해당하는 인력이 툴루즈에 있다고 알려져 있다. 1997년에는 유럽 항공우주산업의 중심도시로서의 면모를 과시하기 위해 우주 테마파크인 '시테 드 레스파스 *Cité de l'espace*'가 건립되었는데, 야외 공간에는 세계 우주 개척사에서 기념비적인 역할을 한 우주선, 우주정거장, 발사 로켓 등을 전시하고 있다.

📖 유네스코 세계문화유산

툴루즈에는 역사적 건축물이 많은데, 그중에서도 유네스코 문화유산에 등재된 두 개의 건축물이 도드라진다.

1. 미디 운하

미디 운하 Canal du Midi는 17세기 프랑스 남서부 지중해 가까이에 있는 베지에 지방의 토호였던 리케 Pierre-Paul Riquet 남작의 주도하에 건설되었는데 당시로서는 엄청난 규모의 토목공사였다. 막대한 재산가였던 리케 남작은 지중해에서 남서부 내륙의 중심도시인 툴루즈까지 주로 밀 수송을 중심으로 한 물자 수송로를 만들 계획을 세우고 1666년 루이 14세 조정에서 허가를 받았다. 지중해에서 당시 파리 등 프랑스 북부로 물자를 운반하려면 해적이 자주 출몰하는 이베리아반도를 돌아서 프랑스의 대서양 연안으로 가야만 했다. 루이 14세도 이런 수송로의 문제점을 인식하고 운하 건설에 적극 관심을 표명했다.

공사는 그 이듬해인 1667년에 시작됐고 리케 남작이 사망한 직후인 1681년에 완공되었다. 툴루즈에서 남쪽 지중해까지 전장 240Km에 이르는 갑문 閘門 형식의 이 운하는 훗날 건설된 가론 운하를 통해 가론강과 대서양으로 통하면서 보르도까지 한 물길로 연결되어 명실공히 프랑스 땅을 통해 지중해와 대서양이 이어지게 되었다. 미디 운하는 수문, 수로, 다리, 터널 등 총 328개의 구조물로 이루어져 있는데 특히 터널은 세계 최초의 운하 터널이다. 17세기 프랑스에서 이루어진 건축사적 위업과 함께 그 역사적 의미를 고려하여 1996년 유네스코 세계문화유산에 등재되었다. 오늘날은 물자와 사람의 운송이라는 개념은 완전히 사라지고 관광명소로 사랑받고 있다.

2. 생세르냉 대성당

툴루즈의 많은 종교 건축물 가운데서도 역사적·건축적 의미로는 생세르냉 대성당 Basilique Saint-Sernin을 따를 것이 없다. 성당 이름의 유래가 된 세르냉 또는 샤튀르냉 성인은 당시 로마 교황이 툴루즈 지역의 갈리아인들을 개종시키기 위해 파견한 사람이었다. 툴루즈 최초의 주교였던 그는 257년에 이교도 성직자들의 종교의식에 참가하기를 거부했다가 이도교들에 의해 황소에 발이 묶여 끌려다니다가 순교했다고 전해진다. 이후 순교 현장 근처에 그의 이름을 따서 지은 것이 바로 생세르냉 대성당이다.

생세르냉 대성당의 정확한 건축 연도에 대한 기록은 현재 없지만 일반적으로 4세기 말에 당시 툴루즈의 주교였던 실브 Sylve가 수도원으로 건축을 시작했다고 알려져 있다. 생세르냉 대성당은 유럽을 호령하던 샤를마뉴 대제가 많은 성유물(성인의 유골)을 이곳에 기증하면서부터 유명해졌다. 당시 샤를마뉴 대제가 기증한 성유물은 지금도 교회 동쪽 끝에 있는 성소에 보관되어 있다. 그 후 성당의 종교적 중요성이 커지면서 스페인 북서쪽 순례길의 필수 방문지가 되었다. 순례길의 종착지인 산티아고 데 콤포스텔라Santiago de Compostela 대성당도 생세르냉 대성당을 모델로 지어졌다고 한다.

🇫🇷 툴루즈의 인물들

토마스 아퀴나스

이탈리아 출신의 신학자이자 철학자다. 스콜라 철학의 대표자 중 한 사람으로, 유명한 《신학대전》을 집필했고, 1323년에는 성인으로 공표되었다. 그는 설교와 청빈한 삶을 모토로 하는 탁발수도회인 도미니크 교단의 일원이었는데 이런 인연으로 교단의 본부 교회인 툴루즈의 자코뱅 수도원 Le Couvent des Jacobins에 그 유해가 안치되었다. 그리고 1368년 교황 우르바노 5세의 칙령에 따라 아퀴나스의 유물이 이탈리아로부터 이곳 자코뱅 성당으로 옮겨지면서 더욱 도미니크 교단의 중심 역할을 하게 되었다.

생텍쥐페리

소설 《어린 왕자》로 너무나도 유명한 생텍쥐페리의 고향은 프랑스 리옹이다. 그런 그가 툴루즈와 인연을 맺게 된 것은 비행기를 통해서였다. 그는 1921년 프랑스 공군에 징집되어 처음에는 정비부대 소속으로 일했지만 교습을 받고 조종사 자격을 취득했다. 그리고 전역 후인 1926년에 툴루즈의 민간 항공회사인 라테코에르사에 취업하면서부터 툴루즈와 인연을 맺게 된다. 그는 툴루즈에서 출발하여 당시 프랑스령이었던 모로코와 세네갈의 다카르로 가는 정기 항공우편 조종사로 근무했고, 남미에서의 항공우편 루트를 개척하는 데에도 역할을 했다. 이런 인연을 바탕으로 툴루즈에서는 그의 이름을 딴 공원이나 거리 등 곳곳에서 그의 흔적을 쉽게 찾아볼 수 있다.

베르나르 베르베르

소설 《개미》로 우리나라에서 상당한 인기를 끌었던 프랑스의 과학소설가 베르베르는 앞선 두 사람과는 달리 툴루즈에서 태어나서 툴루즈에서 자랐다. 이 시리즈는 1991년 《개미》, 1992년 《개미의 날》 그리고 1996년에 발표한 《개미 혁명》의 총 3부작으로 구성되어 있는데, 프랑스어권을 제외한 국가 중에서는 우리나라에서 가장 인기가 높다. 대표작 《개미》는 전 세계 판매의 절반이 한국에서 이루어졌다고 하고, 전체 작품의 전 세계 판매량 가운데 약 3분의 1을 한국이 차지한다고 한다.

프랑스 툴루즈에서 맛봐야 할 3가지 음식

❶ 카술레(Cassoulet)

카술레는 흰 강낭콩을 주재료로 오리고
기, 돼지 소시지 등 여러 가지 형태의 육
류를 함께 넣고 푹 끓여 만든 전통 스튜를
말한다. 카술레라는 이름은 이 요리를 넣고 끓
이는 카솔*cassole*이라는, 입구는 넓고 바닥은 좁
은 형태의 토기 냄비에서 유래되었다. 툴루즈를
중심으로 한 옥시타니 지역의 이론의 여지가 없는
대표 요리로, 따뜻하고 열량이 높은 전형적인 겨울철
음식이지만 지금은 워낙 지명도가 높아 사철 즐길 수가 있다. 인기가 높은 만큼 레스
토랑뿐 아니라 슈퍼, 일반 상점에서도 다양한 종류의 즉석 카술레 제품을 쉽게 만나
볼 수 있다. 옥시타니 지역에서 거의 일직선으로 붙어 있는 인근 도시인 툴루즈와 카
스텔노다리 그리고 카르카손, 세 도시가 각각 정통성을 주장하고 있다.

❷ 알리고(Aligot)

알리고 역시 옥시타니 지역을 대표하는 명품
요리로, 으깬 감자와 녹인 치즈를 주재료로 크
림, 버터, 마늘 등을 혼합하여 만든다. 잘 만들어
진 알리고는 쫄깃하면서 쭉쭉 늘어나는 특징을
보인다. 이런 특성 때문에 알리고를 먹을 때는,
마치 스파게티를 포크에 돌돌 말듯이 먹는다. 원
래 산악지역의 작은 마을인 오브락*Aubrac*의 특산 음
식이었는데, 19세기 말 농촌 인구의 대규모 도시 이동이 시작될 때 이곳 주민도 대거
도시로 진출하면서 옥시타니 지역은 물론이고 프랑스의 전국구 음식이 되었다. 전해
오는 이야기에 의하면 지역의 수도승들이 처음 만들었는데 점점 인기를 끌면서 스페
인의 산티아고 데 콤포스텔라로 가는 순례길을 따라 길고 힘든 여정을 수행하는 순

례자들의 허기를 달래는 데 제공되기도 했다고 한다.

❸ 콩피(Confit)

콩피는 오리나 거위 고기 등을 자체 지방에 절여
만든 프랑스 남서부 지역의 전통 음식이다. 유럽
에서는 냉장 보관 방법이 없던 오래전부터 조류
를 사냥한 후에는 그 고기를 오래 보관하기 위해
염장을 한 뒤 기름에 넣어 차고 어두운 장소에
서 수개월간 숙성했다. 이 방법을 18세기경 프랑스 남서부의 가스코뉴 지역의 요리
사들이 요리에 적용한 것이 바로 콩피다. 콩피 과정에서 염장을 하며 빠져나간 수분
이 기름으로 대체되면서, 부드럽고 깊은 풍미의 육질이 만들어진다. 콩피는 이제 프
랑스 전역에서 볼 수 있는 보편적인 요리가 되었지만, 툴루즈에서는 더욱 쉽게 콩피
요리를 만나볼 수 있다. 레스토랑은 물론 슈퍼에서도 오리 한 마리를 통째로 사용해
만든 콩피, 오리 다리만으로 만든 콩피, 심지어 오리 모래주머니 콩피까지 다양한 제
품을 만나볼 수 있다.

5장

꾸준함이 최고의 비결이다

도쿄에서의 일본어 연수

결국 끝없는 핑계의 연금술사가 되든지, 아니면 진정한 노력의 수혜자가 되든지, 모든 것은 당신에게 달려 있지 않겠는가! 여담으로 덧붙이자면, 어느 날 한 선생님으로부터 시험지에 "한자 글씨가 아름답다"라는 자필 코멘트를 받았다. 어느덧 70을 바라보는 나이에도 칭찬은 여전히 즐거웠다. 물론 그것이 글씨에 대한 것일 줄은 몰랐지만.

새로운 마음으로 향한 도쿄

2021년 가을 프랑스에서 귀국하자마자 이듬해인 2022년의 일본어 연수에 대한 구체적인 준비에 착수했다. 이번에도 역시 어떤 도시를 연수지로 선택하느냐 하는 것이 가장 중요한 고민이었다. 여러 측면에서 살펴보니 결국 도쿄와 오사카 같은 대도시를 선택하느냐, 아니면 기타 중소도시를 선택하느냐 둘 중 하나였다. 장단점은 극명했다. 대도시는 문화 혜택이나 생활 여건이 우수했고 중소도시는 숙박비, 교통비 등 생활비가 저렴했다.

생각 끝에 도쿄로 결정했다. 일본은 코로나바이러스가 유행한 이후 짧은 기간의 예외적인 개방이 있었을 뿐, 거의 2년 동안 외국인 입국을 금지한 후 이제 다시 어학연수생을 받는 상황이었다. 이런 여건에서는 아무래도 학생 수가 많은 대도시 어학원으로 가야 제대로 된 반 편성과 공부가 가능할 것이라고 생각했다. 도쿄와 오사카 중에서 특별한 선호는 없었으나 굳이 오사카를 택할 이유가 없다는 반대 논리가 오히려 도쿄를 선택하게 만들었다. 비자 등 각종 행정적 절차는 강남에 있는 한 유학원의 도움을 받았다. 유학원에서 추천받은 '아카몽카이'라는 어학원도 전통이나 규모 측면에서 신뢰감이 들었다. 코로나바이러스 사태의 영향으로 출발 직전까지 어수선했지만, 마침내 4월 학기에 맞추어 2022년 3월 28일, 6개월 계획의 세 번째 어학연수지인 일본으로 출발했다.

아카몽카이는 도쿄 아라카와구의 닛포리에 있는 어학원이다. 도착 전부터 규모가 상당히 크다는 이야기는 들었지만 실제 와서 보니 생각했던 것 이상이었다. 건물도 본관을 비롯해 네 군데나 있었고, 내가 공부를 시작하는 본관 건물의 사무실에는 한국어는 물론이고 영어를 포함해 중국어, 베트남어, 스페인어까지 전담 직원이 상주하며 상담에 임하고 있었다. 한국어의 경우는 전담 직원이 두 명이나 있었다. 수업 전 오리엔테이션도 이들이 진행했다. 내가 참석했을 때는 대부분 20대로 보이는 한국 학생이 30명 정도 있었다. 그 후 총 6개월간의 연수 과정에서 모두 세 곳의 건물에서 수업을 들을 기회가 있었는데, 그중 가장 규모가 큰 본관 강의실은 내부 유리창을 통해 복도에서 교실 안 수업 광경을 볼 수 있도록 모두 개방형으로 설계되어 꽤 인상적이었다.

아카몽카이 어학원에서의 매 학기는 3개월 단위로 진행되는
데, 일단 반이 정해지면 학기 중에는 변경이 안 된다고 했다. 일주
일에 한 번씩 유연하게 반이 변경되었던 전년도의 프랑스 어학원
과는 완전히 다른 시스템이었다. 어학연수 계획 기간이 총 6개월
이니, 한번 반이 정해지면 귀국 전까지 단 한 번의 진급 기회가 주
어지는 셈이다. 정식 반 편성 전에 미리 알아보니 사전에 치른 온
라인 시험에서는 중상급 정도의 수준으로 평가되었다고 했다. 사
실 따로 관련 문제집을 풀며 시험 대비를 하면 좋았겠지만, 평소
실력으로도 자신 있다고 생각한 것이 오산이었다. 고급반을 듣고
싶다는 생각에 따로 요청해서 담당 강사와 짧은 면담을 했다. 단
도직입적으로 온라인 시험 결과는 저평가된 것으로 생각한다고
이야기했다. 그리고 취직이나 진학을 위한 시험 대비 공부는 전혀
필요 없으니 회화 위주의 고급반을 원한다고 부탁했다. 그러자 면
담 강사는 대부분 시험 관련 수업을 원하기 때문에 회화 중심 수
업은 그렇게 많지 않다고 설명하면서, 이번 학기에 개설될 반 중
에는 신新중급 3반이 가장 높은 수준이니 일단 그 강좌를 듣고 다
음 학기에는 그때 개설 예정인 신新고급반에서 수강하면 어떻겠
느냐는 제안을 했다. 어학원 전체의 반 구성에 대해서 내가 알 도
리도 없었고, 딱히 다른 선택지도 없었다.

그런데 실제 수업을 들어보니 어떤 부분은 적당했지만 어떤

부분은 너무 쉽게 느껴졌다. 한자 수업이 후자의 대표적인 예였다. 요즈음 한국에서도 젊은 층은 한자에 익숙하지 않은 사람이 많지만, 우리 세대에는 학교에서 한자를 배웠을 뿐 아니라 일본식 한자 단어는 상당 부분 우리와 의미가 같아서 더욱 문제가 없었다. 어쨌든 수업의 난이도와 관계없이 지각 한번 하지 않고 열심히 그리고 성실하게 수업에 임했다. 같은 반 학생들은 나까지 포함해서 모두 아홉 명이었다. 국적별로는 중국 두 명, 홍콩 두 명, 대만 한 명 등 중화권이 다섯 명이었고, 그 외 인도네시아 한 명, 태국 한 명 그리고 프랑스 출신이 한 명 있었다. 담당 강사진은 모두 세 명으로 이루어져, 일주일 5일을 각각 이틀, 이틀, 하루씩 번갈아가며 수업을 했다. 학생으로서는 다양한 스타일의 선생님에게 배울 기회를 가질 수 있어 좋은 시스템으로 생각되었다.

깨끗한 도쿄의 거리를 만나다

등하굣길에 만나는 도쿄의 거리는 정말 깨끗했다. 사실 일본인의 청결과 정리 정신은 듣고도 믿기지 않을 정도다. 2018 러시아 월드컵 당시 일본 축구팀은 벨기에와의 16강전에서 2:3으로 역전패를 당했다. 눈물범벅이 된 일본 응원단은 슬픔에도 불구하고 미리 준비해 온 쓰레기 봉지를 들고 경기장 청소를 시작했고, 관중

4만 5,000명이 남기고 간 페트병, 캔, 비닐 등을 수거해 갔다. 일본 선수들도 아쉬운 패배의 아픔에도 벤치는 물론 라커룸까지 완벽하게 청소와 정리를 마치고 떠났다. 감격한 FIFA 직원은 자신의 트위터에 일본팀이 떠난 라커룸 사진을 올렸고, FIFA는 공식 트위터를 통해 '일본에 존경의 박수를 보낸다'라고 입장을 밝혔다. 영국의 BBC 스포츠는 '일본팀의 경기가 있는 날은 자원봉사자의 할 일이 없어지는 날'이라고까지 표현했다.

그런데 일본인으로서는 이런 사례가 특별한 것이 아니라 몸에 밴 일상이다. 2017년 강원도 태백시에서 열린 아시아대학축구대회 결승전이 끝난 뒤 우승을 한 일본 선수들은 관중석의 쓰레기까지 모두 청소를 하느라 가장 늦게 경기장을 떠났다. 2019년 경남 FC와 아시아축구연맹 챔피언스 리그에서 만난 가시마 앤틀러스도 귀국길을 서둘러야 했지만, 창원 축구센터의 라커룸을 깔끔하게 정리하고 떠났다. 일본팀의 이런 행동을 자주 접하다 보니 오히려 그렇지 않은 경우가 신기할 정도가 되었다.

사실 일본인의 청결 정신은 하루아침에 이루어진 것이 아니다. 1600년대 영국인 항해사이자 무역상인 윌리엄 애덤스의 전기에 따르면 당시 일본 귀족은 매우 깨끗했으며, 영국 거리에는 배설물이 넘쳐흘렀는데 일본 귀족은 향기로운 나무통에서 목욕을 즐겼다고 한다. 당시 일본인은 유럽인들이 개인 청결에 신경 쓰지 않는 데 경악했다고 전해진다. 도쿠가와 이에야스에 의해 발탁되어 일본 최초의 서양인 사무라이가 된 윌리엄 애덤스의 이야기는 TV 드라마에 이어 1980년에 〈쇼군〉이라는 제목의 영화로도 제작되어 세계적으로 널리 알려진 바 있다. 우리나라에도 1970년대에 아파트가 본격적으로 보급되면서 샤워 문화가 서서히 정착되기 전에는 일본인의 목욕과 청결 문화를 부러워하면서 적극적으로 배워야 한다고 공개적으로 주장하는 사람이 많았다.

실제 이번 어학연수 중에 경험한 일본의 거리는, 대로는 말할 필요도 없고 골목길도 마찬가지로 깨끗했다. 숙소 근처의 작은 길은 늘 말끔해 어학원으로 등교하는 마음이 항상 상쾌했다. 이른 새벽에 일하는지는 모르겠지만 도쿄에 체류하는 동안 환경미화원을 본 적도 없다. 같은 반의 홍콩 출신 학생은 수업 중에 선생님에게 일본에서 극강의 청결이 유지되는 비결이 무엇인지를 진지하게 묻기도 했다. 역시 가장 중요한 것은 시민들이 알아서 쓰레기를 거리에 버리지 않는다는 것이었다. 버리지 않으니 지저분해질 이유도 없는 것이다.

도쿄의 숙소에서는 약간의 돈을 내면 일본 가정식 조식을 제공해준다. 그런데 밥그릇을 쌓아놓은 곳 위에 먼지가 앉지 못하도록, 항상 휴지 한 장을 덮어놓고 있었다. 식당 이용객도 자기 밥그릇을 꺼낸 다음에는 꼭 그 휴지를 다시 덮어두었다. 처음에는 너무 유난을 떠는 것이 아닌가 하는 생각도 들었지만 익숙해지자 그 청결성에 신뢰감이 들지 않을 수 없었다.

실수 연발에도 이뤄낸
또 한 번의 최상급반

어학연수 동안에는 끊임없이 크고 작은 시험이 치러진다. 과거 33년간 남을 가르치는 교육자로 일한 입장에서는 충분히 이해되는 교육 평가 방법이지만, 정작 피교육자의 입장이 되니 어쩔 수 없이 큰 스트레스로 다가왔다. 시험은 누구나 잘 치고 싶다. 이런 심정은 서울대학교 명예교수라는 타이틀을 갖고 있는 나 역시도 예외가 아니었다. 특히 첫 학기 과정은 시험 내용이 그렇게 어려운 편이 아니라서 내친김에 목표를 높게 잡아 만점 획득을 해보기로 했다.

그런데 실제 시험을 치러보니 스스로 깜짝 놀랄 정도로 엉뚱한 실수를 거듭해서, '이제는 나이 때문에라도 어쩔 수 없는 건가'라는 생각이 들어 의기소침해질 때가 많았다. 예를 들면 '가타가나'로 쓰라고 했는데 태연하게 '히라가나'로 쓰는 등의 단순한 실수였다. 원래 아예 몰라서 틀리면 금방 포기가 되지만 이런 식의 실수에는 은근히 약이 오르기 마련이다. 이렇게 간단한 실수가 여러 차례 반복되는 중에 어느 날 단단히 정신을 차리기로 다짐을 했다. 시험 준비에도 좀 더 신경을 썼다. 마침내 기다리던 다음 시험이 치러졌고, 이번에는 평소에는 하지도 않던 재검토까지 해가며 실수 방지에 최선을 다했다. 시험 후에 바로 혼자 채점을 해봤는데 만점을 자신했다. 드디어 결과를 나누어 주던 날 담당 선생님이 근처로 다가왔다. 언뜻 보이는 답안지에서는 커다란 정답 표시만이 눈에 들어왔다. 이번에야말로!

그런데 도대체 이게 무슨 일인가?! 80점이라는 점수와 함께 빨간 글씨로 뒷면에도 문제가 있었다고 쓰여 있는 게 아닌가? 황급히 뒤 페이지를 보니 다섯 문제가 고스란히 남아 있었다. 전체 문제의 5분의 1을 그대로 날린 것이다. 순간 어이없어하는 표정의 나를 보고 선생님은 황급하게 "실제로는 만점이나 다름없어요"라고 애써 추어주었으나 그 말이 귀에 들어올 리 없었다. 생각해보면 이 모든 걸 나이 탓으로 돌리면 마음이 편할 것 같았다. 하지만 그렇게 생각하니 마음이 한없이 가라앉았다. 정말 이제부터는 남들이 말하는 나이에 맞춰 세상을 바라보며 그 기준에 맞추어 자족하며 살아야 할 것인가?

그 후에도 시험은 계속됐지만 닿을 듯 말 듯 만점의 목표 달성에는 계속 실패했다. 시험 성적을 줄곧 지켜본 선생님들은 내가 겉으로는 특별한 말을 하지 않았음에도 시험지에 따로 "조금만 힘내서 만점을"이라는 메모를 남기기도 했다. 그리고 어느 날 기어이 만점을 달성했다. 시험지에 선생님의 "훌륭하다"라는 메모와 손으로 직접 그린 이모티콘이 함께 담겨 있었다. 혹자는 물을지 모른다. 왜 그렇게 애를 쓰냐고. 어차피 성적으로 보면 반에서 최우수 학생인데 그깟 시험 문제 몇 개 틀리면 어떠냐고. 더구나 미래의 진로와도 아무런 관계가 없지 않느냐고. 그렇게 생각하는 사람들에게 다음 일화를 들려주고 싶다.

지미 카터는 미국 제39대 대통령(1977~1981)으로, 재선에 실패한 것으로도 알 수 있듯이 재임 시의 평가는 좋지 않았으나 퇴임 후 활동으로는 긍정적 평가를 받고 있는 인물이다. 《왜 최선을 다하지 않았나 _Why not the best?_》는 이런 그의 자서전 격인 책이다. 이는 1976년 발간 당시 조지아 주지사였던 카터를 단번에 미국 대중에게 각인시킨 책으로 그는 그 이듬해인 1977년 미국 제39대 대통령으로 취임하게 된다. 이 책에서 그는 책의 제목에 대해 다음과 같이 설명했다.

카터가 해군 장교로서 핵잠수함 프로젝트에 지원해 당시 책임자였던 리코버 제독과 면담을 하게 되었다. 제독이 여러 가지 질문을 한 뒤 문득 물었다. "귀관의 해군사관학교 시절 성적은 어떠했는가?" "저는 820명 중에서 59등을 했습니다." 카터는 자랑스럽게 대답했다. 그러자 기대했던 칭찬 대신 또 하나의 질문이 돌아왔다. "귀관은 그때 최선을 다했는가?" 잠시 머뭇거리다가 카터가 대답했다. "아닙니다. 제가 항상 최선을 다한 것은 아닙니다." 제독은 가만히 카터를 쳐다보다가 다시 한마디를 던졌다. "왜 최선을 다하지 않았나?" 카터는 그 후 이 말을 평생 잊지 않았다.

결국 끝없는 핑계의 연금술사가 되든지, 아니면 진정한 노력의 수혜자가 되든지, 모든 것은 당신에게 달려 있지 않겠는가! 여담으로 덧붙이자면, 어느 날 한 선생님으로부터 시험지에 "한자 글씨가 아름답다"라는 자필 코멘트를 받았다. 어느덧 70을 바라보는 나이에도 칭찬은 여전히 즐거웠다. 물론 그것이 글씨에 대한 것이 될 줄은 몰랐지만.

그렇게 어느덧 3개월이 지났다. 그런데 다음 학기에 개설될 예정이었던 회화 중심 과정인 '신고급반'이 학생 수 부족으로 그다음 학기로 연기되었다는 이야기를 들었다. 현재 같은 수업을 듣고 있는 학생들은 부득이 자신의 수준에 맞추어 다른 반으로 옮길 수밖에 없었다. 어떤 학생들은 그다음 학기의 신고급반 개설을 기다리며 같은 과정을 반복하여 듣기로 했다. 그런데 나는 그동안의 월등한 중간시험 성적과 기말 종합시험에서의 우수한 평가로, 예외적인 경우로 취급되어 어학원 내의 최상급 반으로 옮기게 되었다. 기말시험은 필기시험에서는 400점 만점에 354점을 얻었는데 2위 그룹이 320점대인 것을 고려하면 꽤 큰 점수 차였다. 구술 평가시험에서는 만점을 받았는데, 특히 어휘 구사에서 좋은 평가를 받았다. 출석 평가에서도 지각 한번 없는 개근이었다. 대표 강사는 종합평가 면담을 통해, 수업 태도를 포함해서 지적할 점이 전혀 없다고까지 극찬을 해주었다.

그런데 최상급 반으로 이름이 붙여진 수업에도 1, 2, 3, 4의 4단계 등급이 있었다. 그동안 우수한 학생들이 미처 다 졸업하지 못한 상태에서 계속 누적되어 있었기 때문이라고 했다. 최종적으로 담당 강사와의 면접을 거쳐 최상급 반 중 가장 높은 수준인 4반 수강이 결정되었다. 일본어 학원 중 가장 규모가 크다는 곳에서 3개월간 각종 평가를 통해 최상급 반 수강까지 하게 된 것 자체가 일단 무척 즐겁고 영광스러웠다. '4개국 어학원 모두에서 최상급 반 수업을 듣겠다'라는 애초의 목표에 한 걸음 더 다가선 데 대한 흐뭇함은 큰 덤이었다.

꾸준한 마음과 행동이
존경을 이끈다

최상급 4단계 반에 올라와보니 모두 열한 명의 학생 중 대만, 홍콩을 포함한 중국계 학생들이 아홉 명으로 압도적인 점유율을 보였다(나머지 두 명은 필자와 또 다른 한국인인 젊은 학생이었다). 중국계 학생은 원래 구성비율이 높아 전체 학생 수의 20%를 넘기도 했지만, 그 점을 고려해도 놀라운 숫자가 아닐 수 없었다. 역시 가장 중요한 요인은 한자에 대한 이해도였다. 그런데 한자 때문에 구미 국가 출신 학생을 찾아보기 어려운 것은 쉽게 이해가 되었지만, 상급반에서 우리나라 학생의 비율이 상대적으로 낮은 것은 꽤 의외였다. 그만큼 최근 우리나라 젊은이들의 한자 실력이 예전과 같지 않다는 의미일 것이다. 참고로 어학원의 통계에 의하면 한국 학생 비율은 중국에 이어 두 번째로 높은데, 전체 학생의 10%가 넘는 정도라고 했다.

어쨌든 중국 출신이 주를 이루는 반 학생들의 수준은 꽤 높았다. 대학에서 일본어를 전공했거나 심지어 일본사史를 전공하는 등 배경부터 범상치 않은 데다 대부분 향후 일본에서 대학원 진학을 목표로 하고 있었다. 20, 30대의 젊은 패기에다 일본에서 어떻게든 인생의 승부를 걸겠다는 의지도 강했다. 일본어 공부에서 중요한 비중을 차지하는 한자에서도 원래 모국의 글자이니 선생님이 자칫 실수라도 하면 오히려 지적을 할 정도였다. 그런 가운데 곧 70을 바라보는 노인네(?) 한 사람이 난데없이 들어온 것이었다. 넉살 좋은 상해 출신의 한 학생은 "자기 평생에 손주가 있는 사람과 같은 교실에서 공부하게 될 줄은 상상조차 하지 못했다"고 했다.

최상급 반에서도 여느 때와 같이 성실하게 공부에 임했다. 비록 여전히 과거 젊었을 때는 상상도 하지 못했던 엉뚱한 실수를 연발했지만, 전체 성적만은 결코 동료 학생들에게 뒤지지 않았다. 물론 학생들의 성적을 일일이 알 수는 없었으나 담당 선생님이 하루는 자랑스럽게 "이번에는 학급 성적이 아주 좋아 평균 점수가 83점이나 된다"고 말한 것으로 보아 보통 때는 80점이나 아니면 그에 조금 못 미치는 점수가 평균이 아닌가 생각되었다. 나는 한

번도 필기시험에서 90점을 밑돈 적이 없었으니 스스로 은근히 자부심을 느꼈다.

그런데 어느 날 수업 중에 시간이 애매하게 남자 담당 선생님이 시간도 때울 겸 가벼운 주제로 '본인의 인생에서 가장 존경하는 사람'이 누구인지 각자 돌아가면서 이야기할 것을 요청했다. 앞서 두어 명이 이런저런 이야기를 한 후에 남경 출신의 중국인 학생 차례가 되었을 때, 갑자기 '기무金상'을 가장 존경한다고 이야기했다. 나는 물론 담당 선생님도 순간 반신반의하여 "어떤 기무상 말인가?" 하고 되물었더니 바로 나를 가리키는 게 아닌가! 그러자 놀랍게도 옆에 있던 두 명의 중국인 학생이 더 나서며 "저도요" 하고 진지한 표정으로 말했다. 나는 순간 뭐라 할 말을 잃었다. 돌아보면 마치 운명에 이끌리듯이 시작된 4개 외국어 공부와 그 마무리 과정으로 진행하고 있던 4개국 어학연수라는 대장정의 어려움을 단숨에 씻어주는 한마디가 아닐 수 없었다. 그때는 아무 말도 못 했지만 이제라도 이 지면을 빌려 분에 넘치는 평가에 대한 큰 고마움을 전하고 싶다.

한, 중, 일
사자성어 공부

앞서 이야기한 대로 최상급 반에 서양인은 아예 전멸이고 대부분이 홍콩, 대만을 포함한 중화권 학생이었다. 휴식 시간에 교실 안의 떠들썩한 중국어를 듣고는 일본인 선생님이 "여기는 차이나타운"이라고 농담을 할 정도였다. 그러던 어느 날 문득 아이디어가 하나 떠올랐다. 이런 좋은 기회에 중국인 학생 그리고 일본인 선생님들과 함께 평소 궁금했던 한, 중, 일, 세 나라 사이의 한자성어 차이를 파악해보자는 생각이었다. 한국인을 포함해 학생들 모두예외 없이 한자권 국가 출신이라 구성원 사이에 위화감도 전혀 없을 것 같았다. 사실 그동안 사전 등에서 중국과 일본에서 사용한다는 사자성어를 공부하면서도 이 말이 과연 제대로 된 현지 사자성어인지 확신하기 어려웠다.

다만 여기에는 두 가지 조건이 있었다. 첫 번째는 정확한 비교를 위해 삼국 모두에서 같은 의미로 사용되면서도 미묘한 차이가 있는 네 글자로 된 성어여야 한다는 것이었고, 두 번째는 수업이나 휴식 시간을 방해하지 말아야 한다는 것이었다. 첫 번째 조건은 나 혼자 열심히 대상이 되는 한자성어를 찾으면 되지만, 두 번째 조건은 충족시키기가 쉽지 않았다. 그래서 생각해낸 방법이 수업 시간 5~10분 전쯤에 오늘의 퀴즈 형식으로 칠판에 문제를 적고, 수업 시간 전에 학생과 선생님의 참여를 자연스럽게 유도하는 것이었다.

예를 들면 수업 시작 전에 칠판에 아래와 같이 적어둔다.

雨后春笋 (중국)

雨後の筍 (일본)

雨後(　)筍 (한국)

그런 다음 (　) 안에 들어가는 죽竹 자를 알아맞히는 형식이었다. 결과적으로 큰 성공이었다. 선생님과 학생 모두 재미있어했고, 나로서는 그동안 사전 등으로나 파악했던 궁금증을 실제로 확인하는 그야말로 일석이조의 효과를 얻을 수 있었다. 이 과정을 통해 알게 된 재미있는 한, 중, 일 한자성어의 대표적인 예를 몇 가지 소개해보겠다.

(1) 우후죽순

앞서 예로 든 우후죽순은 비가 내린 뒤 대나무밭에 여러 개의 죽순이 솟아난다는 뜻으로, 어떤 일이나 현상이 동시다발적으로 일어난다는 의미다. 그런데 중국과 일본에서는 죽竹 자를 쓰지 않고 죽순이라는 뜻의 순筍(笋은 간체자)만 사용하는 것이 흥미롭고, 중국의 경우 봄 춘春 자가 들어 있는 것도 이채롭다. 그 외에 후後, 后의 한자도 중국대륙에서 사용하는 간체자와 우리나라와 일본, 대만 등에서 사용하는 번체자는 자형 차이를 보인다.

(2) 파죽지세

勢如破竹 (중국)

破竹の勢い (일본)

破竹之勢 (한국)

파죽지세는 대나무를 끝까지 쪼개는 듯한 맹렬한 기세, 즉 아무것도 막을 수 없을 정도의 강한 기세를 의미한다. 파죽지세의 경우 한, 중, 일, 삼국이 파죽破竹과 세勢라는 한자를 공통적으로 사

용하지만, 이를 연결하는 글자가 미묘하게 다른 것이 무척 재미있
다. 중국의 '세여파죽'은 글자 그대로는 파죽破竹과 같은如 세勢라
는 뜻이다. 한 중국 학생은 파죽지세라는 표현을 중국에서도 소수
지만 사용한다고 했다.

(3) 산전수전

千难万险 (중국)

海千山千 (일본)

山戰水戰 (한국)

산전수전은 글자 그대로 산에서도 싸우고 물에서도 싸웠다
는 뜻으로, 세상의 온갖 고생과 어려움을 다 경험했다는 의미다.
산전수전의 경우 삼국의 표현 방법이 완전히 다른데, 일본에서는
물水 대신 바다海라고 표현하고 싸움戰 대신 천千이라는 숫자를
사용한다. 중국에서도 천千과 만万이라는 숫자를 사용하고, 싸움戰
대신 어려울 난难(難의 간체자)과 험할 험险(險의 간체자)을 같이 쓰고
있다. 내가 한국인이라서 그런지 한국식 표현이 제일 그럴듯해 보
였다. 그런데 다들 정답 찾기를 어려워하는 가운데 역사 전공의
일본인 여자 선생님이 의외로 쉽게 알아냈다. 알고 보니 과거 우
연한 기회에 한국식 표현을 접했었다고 한다.

(4) 새옹지마

塞翁失馬 (중국)

塞翁が馬 (일본)

塞翁之馬 (한국)

우리나라에서 워낙 유명한 사자성어인 '새옹지마'는 '새옹塞翁 (변방 노인)의 말馬처럼 인생의 행복과 불행은 변수가 많으므로 예측하거나 단정하기가 어렵다'라는 의미다. 그런데 이 성어에서는 한, 중, 일 삼국이 세 번째 글자만 다른 것이 흥미롭다. 특히 중국의 표현에서는 그냥 '새옹의之 말'이 아니라 '새옹이 말을 잃어버렸다失'라는 구체적인 사실을 명시한 점이 특별해 보였다. 종주국의 표현인 만큼 가산점을 주지 않을 수 없다.

(5) 어부지리

漁翁得利 (중국)

漁父の利 (일본)

漁父之利 (한국)

어부지리는 두 사람이 맞붙어 싸우는 사이에 엉뚱한 사람이 애쓰지 않고 이익을 보는 경우를 가리키는 사자성어다. 이 성어 역시 앞의 새옹지마에서와 마찬가지로, 표현이 미묘하게 다르다. 사자성어 중 세 번째 글자가 다른 것은 마찬가지이지만, 한국과 일본에서 사용하는 어부漁夫라는 표현을 중국에서는 어옹漁翁으로 사용한다는 점이 이채롭다. 새옹지마의 '새옹'에서처럼 나이 든 낚시꾼의 모습을 구체화한 것으로 보인다.

(6) 일취월장

日進月步(일본)

日新月异(중국)

日就月將(한국)

일취월장은 나날이 다달이 자라거나就 발전한다將는 의미의 사자성어다. 그런데 이 성어에서는 한, 중, 일이 일日과 월月을 공통적으로 쓰고 그 사이에 각각 다른 한자를 쓰고 있는 점이 상당히 흥미롭다. 삼국 모두에서 한자 하나하나의 뜻을 보면 모두 충분히 이해할 수 있는 구성이지만 구체적으로 왜 이런 표현의 차이가 생겼는지는 알 수가 없다. 일본에서는 진보進步를 뜻하는 한자를 사이에 쓰고 있고, 중국 성어에서 신新과 함께 사용된 이异는 우리나라에서 사용하는 '다를 이異'의 간체자다.

(7) 현모양처

賢妻良母 (중국)

良妻賢母 (일본)

賢母良妻 (한국)

현모양처는 글자 그대로 어진 어머니賢母이면서 착한 아내良妻라는 뜻으로 전통적 개념에서 이상적인 여인상을 의미한다. 그런데 이 성어에서 보이는 한, 중, 일 삼국의 글자 배열 차이는 워낙 유명해서 과거 한국에서 중국어 학원이나 일본어 학원에 다닐 때도 각 학원에서 따로 배운 기억이 있다. 그런데 이번에 한, 중, 일 삼국의 표현을 함께 모아보니 더욱 그 절묘한 차이가 새삼 느껴진다. 현, 모, 양, 처의 똑같은 네 글자가 나라에 따라 글자 배열만 이렇게 다르다니!

상상초월,
일본 사람들의 영어 발음

어느 날 수업 중에 명문대학 출신의 담당 선생님이 '만츠만マンツーマン'이라고 말했을 때 한순간 무슨 뜻인지 짐작조차 할 수 없었다. 조금 후에 그것이 '맨투맨*man-to-man*'을 뜻한다는 것을 알고 웃음을 참을 수 없었다.

1990년 일본을 처음 방문했을 때의 일이다. 혼자서 공항에서 도쿄 시내까지 리무진 버스로 간 뒤, 최종 목적지인 황궁 옆의 '팰리스*Palace* 호텔'로 가기 위해 택시를 탔다. 영어가 잘 안 통한다고 해서 사전에 준비한 일본어 한마디로 운전기사에게 "팰리스 호텔 오네가이시마스(팰리스호텔 부탁합니다)"라고 이야기했다. 택시 기사는 즉시 쾌활하게 "하이"를 외치며 출발했다. 그런데 이윽고 도착한 호텔의 간판을 보니 팰리스 호텔이 아니고 프린스Prince호텔이 아닌가! 당황해서 "No Prince Hotel, Palace Hotel!"을 계속 외치니까 고개를 갸우뚱하던 그 운전기사는 마침내 "아! '빠라스' 데쓰까?(아! 빠라스 말입니까?)" 하고 필자의 잘못된 발음을 책망하듯 쳐다봤다. 어쨌든 결국은 팰리스 호텔에 도착했고, 운전기사는 프린스 호텔에 잘못 간 부분은 돈을 받지 않고 미터기 요금에서 차감해주었다. 아무튼 이 일을 통해 일본인의 영어 발음이 심상치 않음을 느끼기 시작했다.

다음 날 밤, 홀로 여행이라 적적하여 밤에 호텔 근처를 거닐다가 작은 선술집인 이자까야를 발견하고 용감하게 들어갔다. 오로지 "…구다사이(ください, ~주세요)"라는 일본어 표현 하나만 믿고 들어간 것이다. 가게 안으로 들어가서는 애써 침착함을 유지하며 카운터 앞자리를 하나 차지했다. 그러고는 주인을 향해 "오사케 쿠다사이!(술 주세요)"라고 말했다. 그러자 술집 주인이 우렁찬 목소리로 되물었다. "하이! 홋또데쓰까?" 그 순간 속으로 당황할 수밖에 없었다. 아니, 이게 도대체 무슨 말이야, 그냥 술을 주면 되지, 설마 정말 술을 원하느냐는 뜻의 '혼또데쓰까?'는 아닐테고. 결국 대답은 무조건 "하이"일 수밖에 없었다. 그리고 이윽고 나온 술을 보고는 '홋또'가 뜨거운hot 사케를 뜻했다는 것을 알게 되었다.

그리고 그로부터 여러 해 뒤에 나고야를 방문했을 때였다. 당시 일행이 여럿이었는데, 공항에 도착한 후 미리 시내 지도를 얻어 가면 좋겠다고 생각하여 일행 중 한 명이 출구 근처의 안내데스크에 가서 맵map이 하나 필요하다고 말했다. 그런데 젊고 총명한 인상의 여직원이 뜻밖에도 도무지 무슨 말인지 잘 모르겠다는 표정을 짓는 것이 아닌가! 당황한 그 일행은 점점 목소리를 높여가며 맵이라는 단어를 반복했으나 그 여직원은 여전히 모르겠다는 표정이었다. 그런데 바로 이때 일행 중 한 명이 다가가서 "마뿌"라고 나지막하게 여직원에게 이야기했다. 그러자 직원이 금방 반색을 하면서 "아! 마뿌데쓰까?(아! 지도 말입니까?)"라면서 곧바로 지도를 꺼내 주는 것이 아닌가! 순간 모든 일행이 그 사람의 일본어 실력에 감탄의 환성을 질렀다. 아마 일본을 방문해본 사람이라면 누구나 이런 식의 경험담을 한두 개씩은 가지고 있으리라 생각한다. 특히 'McDonald Hamburger'의 일본식 발음인 '마쿠도 나르도 한바가'는 이제는 꽤 유명해졌다.

이러한 일본 특유의 영어 발음은 결국 기본적으로 발음을 표현할 수 있는 일본어 음절수가 적기 때문에 발생한다. 한글은 'ㅏ, ㅑ, ㅓ, ㅕ, ㅗ, ㅛ, ㅜ, ㅠ, ㅡ, ㅣ'의 기본모음에다 'ㅐ, ㅔ, ㅚ, ㅙ, ㅟ, ㅞ' 같은 복합모음 등 다양한 모음이 존재하는 데다 받침이 있어서 외국어 발음도 소리 나는 대로 적을 수가 있다. 그러나 일본어는 기본모음 발음이 'ㅏ, ㅣ, ㅜ, ㅔ, ㅗ' 다섯 개뿐인 데다 받침 역할을 하는 것이 'ん, っ'밖에 없어서 외국어 발음을 정확하게 표현하는 데 한계가 있을 수밖에 없다.

예를 들어보자. 영어 단어 cut을 우리는 '컷'이라고 표현할 수 있지만 일본어 발음에는 우선 '어'가 없기 때문에 '아'로, 그리고 'ㅅ'이나 'ㄷ' 등의 받침으로는 단어가 끝날 수 없어 결국 '토(또)'를 붙여 '캇또ｶｯﾄ'라는 발음이 탄생된다. 같은 이치로 '인터넷'도 일본어로는 '인따-넷또ｲﾝﾀｰﾈｯﾄ'로 발음된다. 또 하나의 예를 들면 another라는 영어 단어를 우리는 비록 윗니와 아랫니 사이에 혀를 잘 끼우지는 못해도 '어나더'로 원음에 가깝게 적을 수 있지만, 일본어에는 '어'나 '더'가 없기 때문에 결국 '아나자'라고 발음하게 되는 것이다. 텔레비전 역시 'ㄹ' 받침이 없어서 테레비죵ﾃﾚﾋﾞｼﾞｮﾝ으로, 이를 다시 줄여서 테레비ﾃﾚﾋﾞ로 부르고 결국 이 말이 우리나라로 역수입까지 되었다.

그런데 일본 사람들은 그러한 영어 발음상의 문제에도 불구하고 일상 대화에서 영어를 매우 자주 사용한다. 이 때문에 우리나라 사람 입장에서는 뜻밖의 어려움을 느낄 때가 많다. 예를 들어 survival을 '사바이바루', fighting을 '파이팅구'로 발음하는 것은 어떤 의미에서 재미있게 생각할 수도 있지만, third를 '싸도', trick을 '토릭구'라고 문장 속에서 갑자기 말하는 것을 들으면 이 말이 과연 영어인지 일본어인지조차 혼동되는 경우가 많다.

게다가 더욱 어려운 점은 영어에서 유래된 특유의 약자를 빈번히 사용한다는 점이다. 예를 들어 빌딩을 줄여 '비루ﾋﾞﾙ', 개

런티(출연료)를 줄여 '갸라ギャラ'라고 말하는 경우 무엇을 뜻하는지 영어 지식만으로는 도저히 알기 어렵다. 이런 약어는 특히 대화 중에 사용되면 이해하기가 매우 어렵다. 예를 들어 "카레와 스고이 코네오 못떼이마스(彼は凄いコネを持っています)"라는 일본어는 우리말로 '그는 굉장한 빽을 가지고 있습니다'라는 뜻이다. 그런데 여기서 코네는 원래 일본어가 아니고 영어 'connection'의 일본어 발음 '코네꾸숀コネクション'을 줄인 것이다. 성희롱을 의미하는 일본어 '세꾸하라セクハラ'도 사실은 영어 'sexual harrassment'의 일본식 표기 '세꾸샤루 하라스멘또セクシャルハラスメント'의 약자다. 아무튼 이런 종류의 일본식 영어는 영어로 생각할 것이 아니라 아예 일본말로 간주하고 따로 공부해야만 한다.

일본어를
배우기 쉬운 이유

우리나라는 일본어 능력자가 세계에서 가장 많은 나라다. 비록 최근에는 젊은 층의 한자 실력이 옛날 같지 않아 학습에 고전하는 경우가 있긴 하지만 다른 나라 출신 학생에 비해서는 여전히 월등한 강세를 유지하고 있다. 과거 한국에서 스페인 출신 원어민 강사를 만난 적이 있는데, 그는 일본 어학연수 경험이 있는 사람이었다. 그는 일본 어학원에서 공부할 때, 처음에는 똑같은 레벨에서 출발한 한국 학생들이 몇 개월 후에는 자신과는 비교가 안 될 정도로 실력이 향상되는 것을 보고 위축감과 함께 놀라움을 금치 못했다고 고개를 절레절레 흔들었다. 개인적으로도 취미로 시작한 일본어, 중국어, 프랑스어, 스페인어 공부 중에서 프랑스어가 가장 어렵게 생각되었고 중국어와 스페인어는 중간쯤이며 일본어는 상대적으로 배우기 쉽다는 느낌이었다.

사실 어떤 외국어를 배울 때 경험하는 학습 난이도는 모국어와의 유사성에 크게 좌우된다. 유럽에 다중언어 구사자가 많은 이유도 그들이 구사하는 언어가 대부분 인도유럽어족에 속하여 어휘와 문법에서 공통점이 많기 때문이다. 크게 보면 공통 조상 언어에서 갈라진 방언으로도 볼 수 있는 것이다. 반면 한국인이라면 대부분 유럽 언어보다 일본어와 중국어를 배울 때 훨씬 쉽다고 느낀다. 일단 한자라는 중요한 공통 바탕을 갖고 있기 때문이다. 그런데 일본어의 경우에는 중국어와도 비교할 수 없을 정도로 우리나라 학습자에게 유리한 조건이 있다.

2021년 11월 유명 학술지 〈네이처〉에 알타이(트랜스유라시아)어족의 기원지가 서요하西遼河 유역의 기장黍 농업 지역이라는 연구 논문이 발표되어 국내의 언론에도 널리 소개된 바 있다. 연구 결과 (1) 알타이족 언어의 기원지는 9,000년 전 서요하 유역의 기장 농업 지역이며, (2) 신석기시대에 원시 한국어-일본어(5,500년 전)와 원시 몽골어-퉁구스어(5,000년 전)로 1차로 분화되었고, (3) 청동기시대에는 원시 한국어, 원시 일본어, 원시 몽골어, 원시 퉁구스어, 원시 튀르크어로 2차로 분화되었으며, (4) 이후에 각 지역으로 다양하게 분화되었다는 것이다. 이 연구 결과에 의하면 신석기시대까지만 해도 한국어와 일본어는 동일 언어였다.

문득 돌이켜보니 벌써 30년이 가까이 지난 이야기인데, 1995년 서울대병원 교수로 재직 당시 1개월 단기 연수로 미국 텍사스주 휴스턴의 한 연구소에 가 있을 때였다. 연구소는 나의 연구 관심사였던 인공심장으로 유명한 곳이었는데, 소장이 일본계 미국인이었다. 어느 날 연구소에 30대의 일본인 여성 의학자가 연구소장과의 인연으로 방문했다. 무카이 치아키라는 이름의 그 여성은 알고 보니 일본에서는 누구나 아는 유명 인사였다. 한 해 전인 1994년 7월 8일에서 23일 사이 보름 가까이 우주왕복선 콜롬비아(STS-65) 미션으로 우주비행을 한 사람으로 일본에서는 두 번째였고, 여성으로서는 아시아 최초였다.

활달한 성격에다 일본의 명문 게이오 의대 출신의 흉부외과 의사인 그녀와는 나이도 비슷하고 흉부외과 의사라는 직업적 동료의식 덕분에 금방 친근감을 느꼈다. 마침 둘 다 시간적 여유가 있어 회의실에서 차를 마시며 한참 이야기를 나누었는데 당시에는 일본어를 전혀 몰랐기 때문에 대화는 영어로 했다. 대화 중에 그녀는 한국에서의 에피소드를 한 가지 이야기해주었다. 아시아 최초의 여성 우주비행사로서의 명성을 바탕으로 한국의 우주소년단이라는 단체에서 초청을 받아 강연을 할 때였다고 한다. 한국어에 대한 사전지식이 전혀 없던 그녀는 일본어 '우츄쇼넹단うちゅうしょうねんだん'을 통역이 '우주소년단'이라고 발음하자 속으로 무

척 놀랐다고 한다. 이어서 '락까산'이라는 단어를 '낙하산'이라고 통역하는 것을 듣고는 '한국에서는 아직 일본어 단어를 그대로 사용하나?!'라는 생각까지 들었다고 한다.

이야기를 들으면서 나 역시 일본어를 전혀 몰랐지만 크게 공감이 갔다. 왜냐하면 1989년 학회 참석차 처음 일본에 들렀을 때 현지인에게 길을 묻는 과정에서 '고속도로'를 '코소쿠도로', '도서관'을 '도쇼칸'으로 마치 우리말처럼 발음하는 것을 듣고 놀랐던 기억이 있기 때문이다. 그 후 일본어를 공부하면서 무료無料, 준비準備, 토시都市, 카구家具 등 유사한 예가 실로 부지기수라는 것을 알았다. 양국 언어의 유사성은 단어를 떠나 문장구조를 보면 더욱 현저하게 드러난다. 우리나라 사람이 일본어로 작문할 때는 영어에서처럼 고민할 필요 없이 우리말 문장구조에다 일본어 단어만 바꿔 넣으면 될 정도다.

또 일본어에는 우리와 비슷한 어휘가 무척 많다. 그렇지 않아도 유사한 한국어와 일본어가 어휘 측면에서 더욱 비슷해진 것은 일제 강점기의 영향이 결정적이었다. 내가 초등학교, 중학교 시절을 보낸 1960년대에는 사회 전반에 걸쳐 일제 강점기의 잔재가 여전히 강하게 남아 있었다. 당시 집 앞 골목에 그릇을 놓고 파는 행상이 있었는데 동네 사람들이 그를 '보쿠상'이라고 불렀다. 어릴 때인지라 별다른 생각 없이 넘겼는데 나중에 알고 보니 '박朴'의 일본식 발음에 일본식 호칭인 상樣을 붙여 불렀던 것이었다. 그런 정도였으니 일상생활에서 일본어의 흔적은 셀 수가 없을 정도로 많았다.

양치질 후 우가이(입과 목 헹구기)를 하고 타쿠앙(단무지)이 든 벤토(도시락)를 챙겨서 학교에 갔고, 친구들과 술래잡기를 할 때 술래는 오니(귀신)로 통했으며 술래에게 잡혀 도와달라고 할 때는 다스케테를 외쳤다. 달리기 시합에서 시작 구호도 '요이, 동!'이었다. 하교 시에는 허름한 음식점에서 친구들과 젠자이(단팥죽)를 맛있게 먹기도 했다. 방과 후 놀이로는 타마치기(구슬치기)가 단연 인기였다. 집 안에서도 츠메키리(손톱깎이), 바케츠(양동이), 타라이(대야) 정도의 용어는 기본이었고 도라무캉(드럼통)이라는 말도 누구나 사용했다. 조금 여유 있는 집에서는 미캉(밀감)과 요우캉(양갱)을 간식으로 즐겼고 마호병(보온병)도 있었다. 칸즈메(통조림)는 특별 취급을 받았다. 주말에 가족들과 외식이라도 하는 날이면 식당에서 자부통(방석)에 앉아 시보리(물수건), 사라(접시)에 와리바시(일회용 나무젓가락)를 사용했고, 식사 후에는 요지(이쑤시개)를 찾았다.

그 후 세월이 흐르면서 꾸준한 사회적 계도와 함께 자연스럽게 일상생활 속의 일본어는 차츰차츰 그 수가 줄어들었다. 그러나 앙코(팥소), 잉꼬부부(원앙부부), 뗑깡(생떼), 콘조(근성), 무뎁뽀(막무가내), 삐까삐까(반짝반짝), 찌라시(전단지), 몸뻬(여성용 일바지) 같은 일본어는 여전히 건재하고, 십팔번, 시말서, 시건장치, 골자, 기린아처럼 끈질기게 살아남은 일본식 용어도 많다. 그런가 하면 역전

앞(역전에 이미 앞이라는 뜻이 들어 있다), 닭도리탕(도리는 닭의 중복이다), 모찌떡(모찌와 떡도 중복이다), 오뎅탕(오뎅 자체에 탕이라는 뜻이 들어 있기 때문에 어묵탕이 맞는 말이다)에서와 같이 묘한 형태로 일본어가 낱말에 스며들어 있는 경우도 있다. 또 야매(암거래), 노가다(건설 현장의 육체노동자)에서처럼 각각 일본어 야미やみ와 도카타どかた라는 단어의 발음이 와전되어 사용되는 경우에다가, 심지어 완전한 우리말로 착각하기 쉬운 '뽀록 나다', '간지 난다'에서의 '뽀록'과 '간지'조차 일본어 '보로ぼろ'와 '간지感じ'에서 유래된 것이다.

압권은 드라마나 영화의 대사에서 비롯되어 일시에 국민적 유행어가 되는 경우다. 5공화국 초기인 1982년 방영된 TV 드라마인 〈거부실록〉 시리즈 2탄에서 공주 지역 갑부 김갑순이 걸핏하면 내뱉은 일본말인 "민나도로보데스(모두가 도둑놈이야)"는 일약 장안의 유행어가 되었고, 그 후 이제는 전설이 된 2001년의 영화 〈친구〉에서 동수(장동건 분)가 준석(유오성 분)에게 사납게 응수한 "내가 니 시다바리가?"라는 대사도 한 시대를 풍미했었다. 그런가 하면 비교적 최근인 2015년 영화 〈베테랑〉에서도 주인공 서도철(황정민 분)의 "우리가 돈이 없지 가오가 없어?"라는 대사가 사람들에게 화제가 되기도 했다.

이처럼 우리 일상생활에서 무의식적으로 접하는 수많은 일본어 유래의 낱말이 원하든 원하지 않든 일본어 학습에서는 문장구조의 유사성과 함께 일본어 공부를 하는 데 큰 이점이 되고 있다.

맛과 향을 겸비한 일본 사케의 세계

일본은 일찌감치 서구 문명을 적극적으로 받아들여 오늘날 위스키와 맥주 등에서 세계적 수준을 자랑하는 제품을 생산하고 있다. 그러나 일본을 대표하는 가장 유명한 술로는 역시 일본주를 꼽지 않을 수가 없다. 흔히 사케라고 부르지만 이 용어는 정확히는 술 자체를 가리키는 말이라 차이가 있다. 그래도 우리나라를 포함해서 국제적으로는 여전히 사케로 통칭되고 있다. 아는 만큼 즐길 수 있는 법, 일본주의 특징에 대해 알아보도록 하자.

1. 양조용 쌀

일본주는 도정된 쌀을 누룩, 물과 혼합하여 발효시킨 후 여과한 알코올 농도 13~16도의 맑은 곡주로 청주에 속한다. 일본주는 일반적인 쌀이 아닌 양조용으로 특별히 재배된 '술 빚는 쌀(사카마이, 酒米)'로 만드는데 이는 일본주의 중요한 특징이다. 이 술쌀은 일반적인 식용 쌀과 세 가지 차이점을 보인다. 식용 쌀알이 보통 25g 이하의 크기인 데 비해 25~30g으로 알이 크다는 것이 첫 번째 차이다. 두 번째는 술의 잡미를 만드는 단백질이나 지질 성분이 적다는 점이다. 마지막 세 번째는 중심부에 불투명한 백색의 심백 心白이라는 성분이 있다는 점이다. 심백은 전분 조직으로 술의 맛을 높이는 데 중요한 역할을 한다.

술쌀은 현재 120종 이상이 공식적으로 등록되어 있다. 일본 전국에서 재배되고 있는 쌀 종류가 총 900종 이상이라는 것을 감안하면 전체 쌀 품종의 약 13%가 술쌀인 셈이다. 이 중에서 야마다니시키, 고햐쿠만고쿠, 미야마니시키, 오마치, 핫탄니시키 등의 품종은 품질이 좋은 술쌀로서 전국적으로 유명하며 그만큼 값도 비싸다. 특히 야마다니시키는 술쌀의 왕으로 불릴 정도로 뛰어난 품질을 자랑하기 때문에 이를 사용하여 술을 만들면 상표에 특별히 표기를 하는데, 100% 사용한 경우는 물론 50%만 사용해도 자랑스럽게 이를 명기할 정도다.

2. 도정

도정은 일본주를 특징짓는 또 다른 핵심으로 현미의

바깥쪽을 깎아 백미로 만드는 과정을 말한다. 쌀에서 술의 원료가 되는 전분은 쌀의 중심부에 있다. 바깥쪽에는 단백질, 지질 등 양조에는 도움이 되지 않으면서 오히려 맛을 떨어뜨리는 성분이 있어 이를 많이 깎아낼수록 질 좋은 술을 얻을 수 있기 때문에, 도정은 일본주 양조에서 매우 중요한 요소다. 고급 일본주 술병의 상표를 보면 정미보합 精米步合이라는 표시를 반드시 볼 수 있는데 바로 도정의 정도, 즉 도정을 하고 남은 쌀의 양을 표시한 수치다. 예를 들어 정미보합이 60%라고 표시되어 있으면 쌀의 바깥쪽 40%를 깎아내어 안쪽 60%만 남아 있다는 의미다. 당연히 정미보합 수치가 낮으면 낮을수록 품질이 좋은 고급술로 간주되고, 일본주의 등급 체계도 기본적으로 정미보합의 수치에 기준을 두고 있다.

3. 일본주의 등급

일본주의 등급 체계는 일견 복잡해 보이지만 실제로는 간명하여 이를 제대로 이해하기만 해도 일본주를 마시는 즐거움이 배가된다. 일본 슈퍼나 면세점에서 술을 고를 때도 큰 도움이 된다. 먼저 일본 청주의 약 70%에 해당하는 대부분의 술은 '보통주'라고 불리는 종류다. 보통주는 술쌀 총 중량의 10% 이상의 양조 알코올을 혼합하여 비교적 저렴하게 만든 대중적인 제품으로 대부분 맛과 향을 조절하기 위해 포도당 등의 당분과 감미료, 화학조미료 등을 첨가한다. 제2차 세계대전 당시 식량 부족을 해결하기 위해 일본 정부에서 장려한 제조 방법이 지금까지 이어졌다. 이자카야 등에서 그냥 일본주라고 표기한 술은 모두 보통주라고 보면 된다. 그러나 보통주라는 이름은 공식 명칭이 아니기 때문에 대개는 이미지 향상을 위해 특선 特選, 상선 上選, 가선 佳選, 엄선 嚴選 등의 표기를 한다.

4. 특정명칭주

일본주를 진정으로 즐기고 그 가치를 제대로 이해하고자 한다면 전체 사케의 30% 정도에 해당하는 이른바 '특정명칭주 特定名稱酒'를 마셔보아야 한다. 백화점은 물론 대형슈퍼 등의 일본주 코너에 진열된 제품의 상당수가 여기에 속한다. 특정명칭주는 도정의 정도와 100% 쌀의 사용 여부에 따라 최상급의 순미대음양주(쥰마이다이긴죠슈)와 대음양주(다이긴죠슈), 그다음 등급의 순미음양주(쥰마이긴죠슈)와 음양주(긴죠슈) 그리고 순미주(쥰마이슈)와 본양조주(혼죠조슈)로 나뉜다. 그런데 최근 주법이 개정되면서 순미주의 도정 규정이 없어지고, 특별순미주와 특별본양조주라는 카테고리가 추가

되어 현재는 모두 여덟 종류의 특정명칭주가 존재한다.

대음양주와 순미대음양주는 가장 도정을 많이 한 것으로 적어도 쌀의 50% 이상을 깎아낸 소위 5분도 쌀을 사용한 최상급 제품이다. 그러나 50%라는 도정의 기준은 최소한의 기준으로 맛과 경쟁력 확보를 위해 도정을 더 많이 하는 경우도 적지 않다. 야마구치현의 닷사이23이라는 제품은 글자 그대로 무려 77%을 깎아내어 23%만 남긴 제품이다. 순미대음양주는 순수한 쌀만을 사용하여 양조한 반면, 대음양주는 약간의 양조용 알코올을 혼합했다는 점에서 차이를 보인다. 법적으로 술쌀 중량 10% 미만의 양조 알코올 사용이 허용된다. 대음양주와 같은 특정명칭주에서 양조 알코올을 혼합하는 이유는 좀 더 가벼우면서 맛의 풍미를 더하기 위한 것으로 양조 마지막 단계에서 적은 양을 첨가한다. 개인적인 선호도에 따라 달라지지만 아무래도 일반적으로는 순미대음양주를 최고로 친다.

특정명칭주의 두 번째 등급인 음양주(긴죠슈)는 규정상 6분도 이하로 깎아낸 쌀을 원료로 사용한다. 적어도 쌀의 40% 이상을 깎아내고 나머지 60% 이하로 술을 만든다는 뜻이다. 대음양주에서와 마찬가지로 순 쌀만을 사용했을 때는 순미음양주로 따로 표시하고, 양조용 알코올이 첨가된 경우는 그냥 음양주로 표시한다. 일본에서는 옛날부터 음양주 이상을 최고급 사케로 취급하여 그 매력적인 향을 '긴죠향'이라고 특별히 표현하고 있다. 사케의 최고급품인 음양주와 대음양주 등급의 제품은 모두 합쳐 전체 일본주 중 10% 미만이다.

특정명칭주의 또 다른 등급으로 순미주와 본양조주가 있다. 순미주는 과거 규정에는 적어도 30% 이상의 도정을 거친 7분도 이하의 쌀을 사용하는 것으로 되어 있었으나 지금은 의무 기준을 없앴다. 100% 쌀만을 사용했느냐가 중요한 것이지 7분도 이하라는 낮은 기준은 큰 의미가 없다는 판단에서다. 그렇지만 술쌀 중량의 10% 미만의 양조 알코올이 혼합된 본양조주에서는 여전히 7분도 이하여야 한다는 기준이 적용되고 있다.

마지막으로 특별순미주와 특별본양조주라는 카테고리가 있다. 두 가지 종류가 있는데 하나는 음양주의 기준인 6분도 이하의 도정을 하되 전통적인 맛에서 벗어나 새로운 시도를 하는 경우다. 두 번째는 도정은 6분도 이상이더라도 특별한 양조법으로 술을 만든 경우다. 앞서 설명한 100% 야마다니시키 쌀로 만든 경우도 여기에 속한다.

5. 알아두면 유용한 사케 용어

사케의 공식 등급 이외에도 사케를 한층 더 즐기기 위해서 꼭 알아두어야 할 몇 가지 용어가 있다. 먼저 '생주(나마자케)'라는 것이 있다. 이는 신선한 술맛을 유지하기 위해 저온살균 과정을 생략한 제품을 말한다. 저온살균(히이레) 처리는 세균감염 방지와 바람직하지 못한 효소 활동을 중단시킬 목적으로 시행하는데, 일반적으로 술을 만든 직후에 한 번 시행하고, 이후 일정 기간 저장 숙성을 시킨 뒤 출하를 위해 병에 넣을 때 한 번 더 시행한다. 이러한 과정을 모두 생략한 생주는 쉽게 변질할 수 있기 때문에 출하 후에는 항상 냉장 보관을 해야 한다.

최근에는 보관이 까다로운 생주에 대한 일종의 절충으로 저장 숙성 전의 저온살균 과정은 생략하나 병입 시에는 저온살균을 한 제품이 '생저장주'라는 상표로 출하되기도 한다. 생저장주와 반대로 첫 번째 살균 과정은 거치지만 두 번째인 병입 전 살균은 하지 않고 출하하는 사케도 있다. '히야오로시'라는 종류로, 겨울에 양조한 뒤 1회 살균해 저장하고, 가을이 찾아와서 바깥 기온과 저장고 온도가 비슷할 정도가 되면 따로 살균하지 않고 출하한다. 일본에서는 가을이 오면 어디서나 쉽게 볼 수 있는 계절의 풍물시 중 하나다.

또 원주(겐슈)라고 표시한 제품도 있는데, 저장 후 출하하기 전 물을 혼합하여 20% 정도의 알코올 농도를 15~16%로 정도로 낮추는 일반 제품과는 달리 20% 원액 그대로 출하하는 제품을 말한다. 또 공항 면세점에서 파는 고급품 중에 종종 '고주'라는 상표를 볼 수 있다. 일반적인 사케는 보통 6개월 정도 숙성 과정을 거치는 데 비해, 고주는 맛을 부드럽게 하기 위해 저온에서 수년 또는 10년 이상 숙성시킨 제품을 말한다.

그리고 독특한 일본주로 '니고리자케'라는 것이 있는데, 마치 우리나라의 막걸리와 같은 모습이다. 술을 만드는 마지막 여과 단계에서, 성긴 구멍을 가진 여과기를 사용해 술의 액체 성분과 함께 비발효 찌꺼기(술지게미)를 거른 술을 말한다. 특유의 산미를 보이는데 알코올 도수가 높다는 것 이외에는 기본적인 맛도 막걸리와 비슷하다. 니고리자케보다는 덜 알려졌지만, 막걸리와 더 비슷한 형태의 '도부로쿠'라는 술도 있다. 아예 여과 과정을 거치지 않은 탁주를 말하는데, 일본에서는 여과 과정을 거치지 않으면 법적으로 청주로 분류될 수 없기 때문에 기타 양조주로 분류된다. 단점이라면 이를 취급하는 소수의 전문점이 아니면 맛을 보기가 힘들다는 점이다.

다시 생각해본
일본

2022년 3월 말, 6개월간의 일본 어학연수를 위해 도쿄에 도착하니 벚꽃 철이었다. 벚꽃 명소의 하나인 숙소 근처 치도리가후치千鳥ヶ淵의 흐드러진 풍경을 본 것이 엊그제 같은데 어느새 여름의 끝자락에 접어들고 있을 때 문득 상념에 빠졌다.

내가 어린 시절을 거쳐 학창생활을 마칠 때까지 대부분 우리나라 사람에게 일본은 국가 패망의 치욕을 안겨준 원수이면서도 동경과 선망의 대상이었다. 일본은 비록 제2차 세계대전에서는 패하였지만, 전쟁 후 빠른 경제부흥의 성과에 힘입어 6·25 전란과 정치 격변에 신음하고 있던 우리나라를 계속 멀찌감치 앞서나

가고 있었다. 넘치는 무역수지 흑자를 주체하지 못해 일본 총리가 공개적으로 외국 수입품을 이용할 것을 호소하기도 했고 우리나라에서는 재일교포라는 단어 자체가 돈 많은 사람을 의미하기도 했다.

신문, 잡지 등에서도 일본을 본받자는 기사가 넘쳐났고, 우리나라와 연관된 것들을 상당 부분 부정적으로 해석하기도 하였다. 일례로 애국가 문제가 있었다. '동해물과 백두산이 마르고 닳도록'이라는 가사를 '조약돌이 바위가 되어서 이끼가 낄 때까지'라는 기미가요의 가사와 비교하며, 무엇인가를 더해가는 것이 아니고 줄어드는 것을 지향하는 문제점이 있기 때문에 애국가를 바꿔야 한다고 했다. 오늘날처럼 인터넷 언론이 활발한 때도 아니고 엄연히 정선된 매체만 있던 시절임을 감안하면 놀라운 논리였다.

그러다가 88올림픽 이후 분위기가 조금씩 바뀌기 시작했다. 그동안 축적된 경제력은 해외여행 자유화로 이어지고, '우리도 이제 가난한 나라가 아니다'라는 자긍심도 생겼다. 1989년부터 1년간 교환교수로 미국에 갈 기회가 있었다. 그때 준비 과정에서 가난한 국가 출신 교수에 대한 재정 지원을 신청하려고 했는데 한국이 그해부터 공식적으로 빈국 명단에서 빠지면서 불발에 그친 기억이 새삼스럽다. 그런 가운데서도 일본은 멀리 떨어져 있었다. '도쿄를 팔면 미국을 산다'라는 말이 상징하는 그대로 일본의 경제력은 세계를 압도하고 있었고, 일본을 직접 자유롭게 체험할 수 있게 된 우리 국민에게도 일본은 항상 부유하면서 비싼 나라로 다가왔다. 그러나 1990년 중반부터 이른바 일본의 거품경제 소멸과 함께 잃어버린 10년, 잃어버린 20년이 도래하면서 일본의 위상이 크게 흔들리기 시작했다.

그렇다고 일본이 하루아침에 몰락할 나라는 아니었다. 특히 문화·사회적 측면에서 일본의 위상은 여전히 막강했다. 1998년부터 단계적으로 시작된 일본 영화 개방만 하더라도, 일본 문화의 파급력에 일종의 공포감까지 가지고 있던 당국과 영화계에 의해 너무 소극적으로 이루어져 개방의 목적 자체가 의심스러울 정도였다. 그런 상황에서 경천동지의 변화를 가져왔던 것이 바로 그 유명한 〈겨울연가〉다. 2002년 KBS 2TV에서 방영된 이 전설적인 멜로드라마는 이듬해인 2003년 일본 NHK에서 수입하여 〈겨울소나타冬のソナタ〉라는 제목으로 위성채널을 통해 방송되었고 인기에 힘입어 2004년에는 지상파로도 재방영되면서 그야말로 폭발적인 반향을 불러일으켰다. 그 후 욘사마와 남이섬으로 대표되는 한류 붐이 연일 매체에 소개되면서 우리 국민에게 일본에 대한 엄청난 상대적 자신감을 심어주었다. 한류의 위상은 특별한 추가 설명이 필요가 없을 정도가 되었다.

그동안 일본에 대한 국내 매체의 보도도 점점 부정적인 부분을 강조하는 쪽으로 바뀌어갔다. 또 한편으로는 우리나라의 국력 및 국제 위상의 급격한 상승과 맞물리면서 '일본은 조만간 따라

잡을 수 있다'라는 신념에 가까운 자신감을 심어주었다. 그러나 일본이 그렇게 만만한 나라는 아닐 것이다. 정치, 사회, 경제, 과학에서부터 음식, TV 프로그램 등 생활 분야에 이르기까지 많은 분야에서 여전히 일본의 상황을 참고하고 적극적으로 배우고 있다는 것이 단적인 예다.

나는 1990년 처음 일본을 방문한 이후 비록 일주일도 채 되지 않는 짧은 체류 기간을 보냈지만 열 차례 이상 일본을 다니면서 일본 사회의 변화 추이를 직접 관찰할 수 있었다. 그러다가 이번에 어학연수 관계로 도쿄에 반년간 체류를 하면서부터는, 일본을 찬찬히 구석구석 경험해볼 수 있었다. 그러다 보니 과거에 가졌던 인상이 여전한 부분도 있는가 하면 '알고 보니 조금 다르네' 하고 생각되는 부분도 있었다. 모든 것이 좋은 공부의 소재가 되었고, 사소한 것도 놓치지 않기 위해 최선을 다해 공부에 임했다. 때는 바야흐로 2022년 도쿄에서의 늦여름이었다.

후회 없는
일본어 연수를 마치며

2022년 10월 2일 아시아나 항공편으로 6개월간의 일본 어학연수를 성공적으로 마치고 귀국했다. 출발 전 목표가 어학원 최상급 반에 진입해 수업을 듣는 것이었는데, 쉽지 않은 평가 과정을 거쳐 최고급 단계인 최상급 4반의 과정을 수료했으니 성공이라고 표현해도 무방할 것이다. 이로써 2020년 페루에서의 스페인어 연수, 2021년 프랑스어 연수에 이어 세 번 연속으로 최상급 반 진입이라는 목표를 달성한 셈이었다.

돌이켜보면 현지에서 하는 어학연수의 가장 큰 장점은 어학에 몰입할 수 있는 환경을 만들어준다는 것이었다. 아침에 일어나 얼마든지 현지 방송을 들을 수 있고 거리에 나서면 현지어로 쓰인 간판을 만나게 된다. 지하철이나 버스 속에서도 현지어가 들린다. 슈퍼나 식당에서도 마찬가지다. 한마디로 어학원에서의 공부가 뼈대를 만드는 과정이라면 현지에서의 각종 생활 체험은 살과 피를 만드는 과정이라고 볼 수 있다.

어학원에서의 수업은 오전 9시에서 오후 12시 반까지 네 시간 (각 45분씩) 동안 진행되었다. 그렇지만 일본어 공부가 교실 안에서만 이루어진 것은 아니었다. 등하교 시간을 비롯한 모든 일상생활 현장이 또 다른 생활 학습장이 되어주었다. 숙소에서 어학원으로 가기 위해서는 'JR선'이라는 전철을 이치가야역에서 타서 아키하바라역에서 한 번 환승을 한 뒤 닛포리역에서 하차해야 했다. 걷는 시간을 포함하면 35~40분 정도 소요되었다. 닛포리역은 나리타 공항에서 가장 빨리 도쿄 시내로 도착하는 기차인 게이세이 전철의 특급열차인 '스카이라이너'의 기착지로도 잘 알려진 곳이다.

어학원이 위치한 닛포리는 대부분 우리나라 관광객에게는 생소할지 몰라도, 최근 젊은 여행객을 중심으로 도심의 번화가나 유명 문화 유적지와는 달리 한적하고 고즈넉하면서 예스러운 일본의 분위기를 느낄 수 있는 곳으로 각광을 받고 있다. 이른바 야나카, 센다기, 네즈 등 붙어 있는 작은 세 동네를 여유 있게 산책하며 즐기는 '야네센 산책' 코스가 바로 그것인데, 인터넷으로도 우리나라 여행객들의 후기를 쉽게 찾아볼 수 있다.

그런데 현지 실생활에서 어학 공부는 사실 아침 식사 때부터 시작되었다. 도쿄 체류 중 내내 머물렀던 숙소는 이른바 '레지던스' 형으로 30제곱미터 넓이에 주방 시설과 세탁기까지 잘 갖추어져 있었다. 특히 비교적 저렴한 가격에 1층 식당에서 제공되는 일본 가정식 아침 식사가 개인적으로 가장 마음에 들었다. 잘 지어진 쌀밥에 미소 된장국 그리고 각종 반찬이 곁들여지는 와쇼쿠和食를 일본 가정식 그대로 즐길 수 있었기 때문이었다. 음식의 맛도 맛이었지만, 70세 전후쯤으로 보이는 노련한 풍모의 주방장은 필자의 각종 질문에 항상 친절하게 답변해주어, 일본 가정식에 대해 식견을 넓힐 수 있었다.

헤이안시대(794~1185)가 끝날 무렵 정착되어 지금까지 그 기본 얼개가 이어지고 있는 와쇼쿠는 전통적 요리법을 사용한 일본 고유의 요리를 말한다. 간단하게 일본 고유의 요리라고는 하지만 그 범위가 무척 넓어 흔히 일본 가정식으로 불리는 정식 형태에 스시, 소바와 우동, 돈부리, 카레라이스 등도 모두 포함되는 개념이다. 2013년에 유네스코 무형문화유산에 등재되었는데 당시 유네스코는 와쇼쿠의 네 가지 특징으로 ① 다양하면서 신선한 재료 사용과 그 본연의 맛에 대한 존중 ② 건강한 식생활을 뒷받침해주는 영양 균형 ③ 자연의 아름다움과 계절의 변화에 대한 표현 ④ 정월 등 연중행사와의 밀접한 관련 등을 꼽으며 선정의 이유를 밝혔다.

아무튼 모든 과정을 끝냈을 때 어학원에서 최상급 4반을 수료했다는 증서를 받았다. 어학원 측의 설명으로는 원래 정규 과정은 3개월을 한 학기로 해서 모두 8학기 2년 과정의 8단계로 나누어져 있었다고 한다. 이 중 상급반은 1, 2, 두 반뿐이었는데 실력이 우수한 학생들이 누적되면서 부득이 상급 3, 4반이 순차적으로 신설되었다는 것이다. 그동안 수업을 같이 들었던 학생들은 대부분 현지에서 대학원 진학을 목표하고 있는 만큼 일본어 실력도 대단해서, 그런 수준의 학생들과 같이 수업을 듣는 것만으로도 즐거울 정도였다. 마지막 수업 시간에는 중국 학생 몇몇이 따로 기념사진을 찍자고 했다. 즐겁게 모델이 되어주면서, 진심으로 그들의 앞날에 건승을 기원했다.

국가와 도시를 이해하며 공부하다

우리나라 사람이라면 웬만한 일본 도시 몇 개쯤은 모르는 사람이 없고 일본의 전반적인 문화에 대해서도 그 이해도가 상당히 높은 편이다. 그러나 등잔 바로 밑은 언제나 어둡기 마련이다. 꽤 많이 아는 것 같은데도 정작 따지고 들면 잘 모르거나 잘못 아는 것이 한두 가지가 아님을 깨달을 때가 많다. 이런 의미에서 일본과 수도 도쿄의 기본적인 행정구역과 함께, 최근 우리나라에서도 큰 문제가 되고 있는 고령화 저출산 문제에 대해 간략히 살펴보고자 한다.

일본의 행정구역

일본의 행정단위를 이야기할 때 흔히 한마디로 '토도-후켄(도도부현)'이라고 표현한다. 수도인 도쿄도와 북쪽의 홋카이도 그리고 두 개의 부인 교토부와 오사카부에다 43개의 현을 가리키는 말이다.

일견 복잡해 보이는 이 용어를 이해하려면 약간의 역사적 배경지식이 필요하다. 유신으로 탄생한 메이지 시대의 원년인 1868년과 그 이듬해인 1869년에 걸쳐 옛 에도막부의 직할령이었던 행정지역을 메이지 정부 직할령으로 바꾸면서 에도(지금의 도쿄), 오사카, 교토의 세 개 지역만을 부라고 부르고 나머지 행정 단위는 모두 현으로 불렀다. 그 후 1886년에는 홋카이도청이 신설되었다. 홋카이도는 원래 에조치라고 불리던 곳으로 아이누족이라는 원주민이 살고 있었는데, 혹독한 추위와 함께 문명권 밖의 땅이라 하여 일본 중앙정부의 관심 밖에 있었다. 그러다가 러시아의 남진을 막기 위해서 에도막부가 이 지역을 직할로 편입하면서 본격적인 개척이 이루어져 일본인이 들어와 정착하게 되었다.

그 후 제2차 세계대전의 와중인 1943년에 동경부를 동경도로 개칭하고 특별구라는 하부 행정단위를 가질 수 있는 권한을 부여했다. 종전 후인 1946년에는 북해도청을 그냥 북해도로 부르기로 결정했다. 동경도의 도 都와 북해도의 도 道는 한자가 다르고 일본어로는 발음도 다르다. 그리고 1972년 오키나와가 반환되자 별도의 현으로 만들어 총 43개 현이 되면서 오늘날의 1도 都 1도 道 2부 府 43현 県의 행정단위의 모습이 갖춰졌다.

43개의 현을 구체적으로 살펴보면 일본 열도를 구성하는 4대 섬 중 가장 남쪽의 큐

슈 지역에 일곱 개의 현이 있고 그 남쪽으로 다시 오키나와현이 있다. 그리고 동쪽에 있는 가장 작은 섬인 시코쿠 지역에 네 개 현이 있고 나머지 31개 현은 최대의 섬 혼슈에 몰려 있다. 혼슈의 지역별로는 간토 6현, 긴키 5현, 도호쿠 6현, 주고쿠 5현, 주부 9현이 분포되어 있다. 수도권 1도 3현이라는 표현도 자주 사용하는데 수도인 도쿄도와 함께 인접 지역인 지바현, 가나가와현, 사이타마현의 3현을 가리킨다. 그 밖에 간사이 2부 1현(오사카부, 교토부, 효코현), 동해 3현(아이치현, 기후현, 미에현) 등의 표현도 언론 매체에 자주 등장한다.

부와 현 사이에는 역사적인 배경만 있을 뿐 실질적인 차이는 없다고 볼 수 있다. 흔히들 부를 우리나라의 광역시에 비유하기도 하는데 도시 규모에 따라 정해지는 광역시에 비해 오사카부와 교토부는 크기와 직접적인 관계는 없다. 도시 인구순으로 따지면 오사카는 도쿄, 요코하마에 이어 3위이고 교토는 7위에 해당하기 때문이다. 그리고 홋카이도를 가리키는 도 역시 지방자치법상 부/현과 같은 취급을 받고 있으며 경찰조직법, 하천법, 도로법 등에서 약간의 차이가 있을 뿐이다.

도쿄의 행정구역

도쿄도는 도쿄 도심의 23구로 구성된 구부 区部, 일부 위성도시와 근교 전원 지역으로 이루어진 타마 多摩 지역 그리고 도서 島嶼 지역의 세 부분으로 나뉜다.
이 중 구부는 25구로 이루어진 우리나라 서울의 행정구조와 비슷한 개념으로 보면 된다. 통상 도쿄라고 지칭할 때는 도심의 23구만을 의미한다. 이들 23구를 과거에는 도쿄시로 불렀으나 현재는 '도쿄시'라는 개념은 존재하지 않고 '도쿄도'로만 존재하며 행정 수반도 시장이 아니고 도지사로 불린다. 이 때문에 동경도의 영어 번역도 'city'가 아니고 'prefecture'이고 대신 개별 구들이 city로 불리고 있다.
다마 지역은 구부의 서쪽으로 모두 26개의 시와 세 개의 마치町, 한 개의 무라 村로 이루어져 있다. 구부와 다마 지역은 행정 편의상 같은 광역자치단체인 도쿄도에 소속은 되어 있지만, 일상생활에서는 완전히 별개의 지역처럼 취급받고 있다. 도서 지역은 거리상으로는 도쿄에서 상당히 떨어진 태평양 한가운데에 있는 섬이지만, 재정 지원과 전략적 관리 차원에서 수도인 도쿄에 소속되어 관리를 받고 있다. 두 개의 마치와 일곱 개의 무라가 있는데 이 중에는 도쿄에서 남쪽으로 무려 1,000Km나 떨어져 있는 오가사하라 섬도 포함되어 있다. 이 섬은 조선 말인 1886년 7월부터 약 2년간 당시 일본 망명 중이었던 김옥균이 유배 생활을 한 곳으로도 우리에게 잘 알려져 있다.

진정한 도쿄라고 볼 수 있는 도심의 23구는 가장 중심에 있는 치요다구의 황거를 중심으로 방사상으로 확장된 모습을 하고 있다. 치요다구에는 입법, 사법, 행정의 중심이 모두 모여 있다. 도쿄의 원래 중심은 치요다구를 포함한 주오구, 미나토구의 3구였으니 일반적으로는 야마노테센이 지나는 연선 일대인 신주쿠구, 이케부쿠로구, 시부야구를 포함하여 도쿄의 중심으로 간주하고 있다. 야마노테센은 JR 동일본에서 운영하는 도쿄 중심의 순환 철도 노선으로 우리나라의 2호선 지하철과 비슷한 기능을 하고 있다. 보통 도심 8구라고 표현할 때는 치요다구, 주오구, 미나토구, 분쿄구, 타이토구, 신주쿠구, 스미다구, 코토구를 의미한다. 이 중 도심 5구로 줄여서 이야기할 때는 사람에 따라 치요다구, 주오구, 미나토구, 분쿄구, 타이토구의 5구를 가리키기도 하고 치요다구, 주오구, 미나토구, 신주쿠구, 시부야구를 지칭하기도 한다.

도쿄도의 전체 인구는 2023년 기준으로 약 1,400만 명 정도이고 23구만을 기준으로 보더라도 1,000만에 가깝다. 산출 기준에 따라 약간씩의 차이는 있지만, 인근 광역 수도권까지 합치면 4,000만 명이 훌쩍 넘는 세계 최대의 광역 도시권을 형성한다.

고령화와 저출산 문제

일본의 고령화와 저출산 문제는 국내의 각종 언론 보도를 통해 이제는 너무나도 익숙해진 주제다. 지금도 각종 매체에서는 우리의 미래일지도 모른다며 일본의 현황을 열심히 소개하고 있다. 일본 체류 중인 2022년 5월 말쯤에 마침 TV로 중계된 일본 중의원 예산심의 장면을 볼 기회가 있었다. 어떤 야당 의원이 총리에게 질문하면서 현재의 일본 고령자 문제를 다음과 같이 정리했다. ① 물가가 오르고 있는데 연금은 오르지 않는다. ② 65세 이상 고령자 46%가 받는 공적 연금이 월 10만 엔 이하다. ③ 고령자 다섯 명 중 한 명이 1인가구인데 이 중 3분의 1이 집이 없다. 도쿄의 경우 상황이 더 열악해 고령자 네 명 중 한 명이 1인가구이고 절반이 집이 없다. ④ 2025년 추계에 의하면 고령자 다섯 명 중 한 명이 인지증(치매) 환자가 된다. 또 연간 일본의 고립사자(고독사자)가 20만 6,821명인데 이 중 75%가 고령자라고 지적했다.

고령화 사회와 맞물려 심각한 사회문제가 되고 있는 소자화(저출산) 문제에 대해서는 자료를 보여주면서, 세계 주요 37개국 가운데 일본이 출생률 1.33%로 34위라며 정부의 대책을 촉구했는데 제시한 자료에서 35위가 그리스(1.28), 36위가 이탈리아(1.24)인데 우리나라가 0.84로 꼴찌였다. 일본이 심각하다면 도대체 우리나라의 미래는 어떻게 될까?! 생각이 깊어질 수밖에 없었다.

일본 도쿄에서 맛봐야 할 3가지 음식

❶ 쿠사야(くさや)

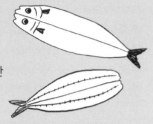

쿠사야는 도쿄도 이즈 제도伊豆諸島의 특
산품으로 글자 그대로는 '냄새가 나는 곳'이
라는 뜻이다. 네이버 지식백과에 의하면 '고등어,
날치, 전갱이 등의 생선을 쿠사야 액에 8~20시간
재운 후 햇빛에 말린 일본의 대표적인 발효음
식 중 하나'라고 설명되어 있다. 쿠사야 액은
소금물에 생선 내장을 발효시킨 것으로 우리
나라의 액젓과 비슷하다. 그런데 쿠사야는 우리나라의 삭힌 홍어처럼 생선 자체가
발효된 것은 아니고, 발효된 것은 쿠사야 액이다. 냄새는 옛날 시골의 돼지우리 냄새
를 연상시킬 정도로 고약하지만, 맛 자체는 그만큼 자극적이지 않은데 이는 생선 자
체가 발효된 것이 아니기 때문이다.

❷ 치라시즈시(ちらしずし)

우리가 일반적으로 아는 스시는 손으로 쥐어서 만
든다고 해서 니기리즈시握りずし라고 한다. 치
라시즈시는 니기리즈시와 대별되는 개념으
로 스시용 초밥 위에 생선 등 각종 재료를 흩
뿌리는 듯이 놓은 형태를 말한다. '치라시'라는
단어 자체가 '흩뿌리다'라는 뜻으로 우리나라 증
권가의 속어인 '찌라시'도 여기에서 유래된 표현이다.
우리나라에서는 일부 전문 일식집에서 취급하고 있을 뿐 대중적으로는 인지도가 아
주 낮지만, 일본에서는 일반 슈퍼에서도 살 수 있을 정도로 흔하다. 치라시즈시는 니
기리즈시에 비해 사용할 수 있는 재료의 폭이 넓어서 가을 특선으로 나온 어느 제품
에서는 감같이 만든 떡에다 밤, 연근까지 재료로 사용했다.

❸ 장어(うなぎ) 요리

장어(우나기), 즉 민물장어로 만든 장어구이는 일
본인이 매우 사랑하는 요리 중 하나로 전 세계 장
어 소비량의 약 70%를 일본이 차지할 정도다. 옛 에
도시절부터 스시, 덴뿌라, 소바와 함께 에도의 사천왕
식四天王食으로 불렸다. 일본 전국 어디서나 우나기 전
문점을 쉽게 만날 수 있으며, 우리 복날에 해당하는 도
요노우시노히土用の丑の日에는 기력 보충을 위해 전통적으
로 우나기를 먹는다. 우나기를 이용한 요리로는 뼈를 바르고 양념을 발라 구운
가바야키와 별다른 양념을 하지 않고 구운 시라야키가 가장 대표적이다. 그 밖에 가
바야키를 쌀밥에 얹은 우나동과 찬합을 사용해 같은 방식으로 만든 우나쥬도 인기
메뉴다.

6장

복잡할수록 재미있다

타이베이에서의 중국어 연수

4개국 어학연수라는 대장정을 시작하기 전에 세운 목표를 마침내 이루었다는 생각이 들었다. 문득 생각해본다. 푸르른 젊음이라는 자연이 준 선물은 이미 내 손을 떠난 지 오래지만, 노력과 성과 그리고 보람이라는 과정을 통해 아름다운 노년이라는 인생의 조각품은 스스로 만들어가고 있다고.

대만을
선택한 이유

일본에서 귀국한 후 이번에도 쉴 틈 없이 다음 해의 중국어 어학 연수 준비를 착실히 해나갔다. 그런데 중국어 연수라면 먼저 떠오르는 중국대륙에서의 연수가 아니라 대만을 연수지로 선택한 데는 몇 가지 이유가 있었다.

첫째는 중국어 연수를 본격적으로 준비하던 2022년 11월만 하더라도 중국의 코로나 통제 정책이 비상식적일 정도로 엄격해서 개인적으로 도저히 연수지로 고려할 기분이 들지 않았다. 12월 중순 들어서부터 통제정책이 완화되긴 했지만, 외국인으로서 공부하기 편안한 분위기가 아닌 느낌은 여전했다.

둘째, 꼭 코로나바이러스 사태가 아니더라도 중국 현지의 생활이 만만치 않아 보였다. 조건에 맞는 숙소를 구하기도 쉽지 않아 보였고(1차 고려 대상이던 에어비앤비도 그즈음 중국에서의 서비스가 중단되었다), 인터넷 검색으로 알게 된 알리페이나 위챗 등 각종 중국식 생활방식도 이 나이에 적응하기가 쉽지 않게 생각되었다.

셋째, 가장 결정적인 문제는 중국은 어학연수에 나이 제한을 두고 있다는 것이었다. 정식 학위과정도 아닌 단순 어학연수에 나이 제한을 두는 것은 과문한 탓인지는 몰라도 세계적으로 유례가 없으리라는 생각이 든다. 알아보니 55세, 57세는 보통이고 많아봐야 60세를 제한 나이로 정하고 있었다. 한 유학원에서는 훗날 일반 관광비자가 풀리면 3개월간 입국해 사설 어학원에서 배우는 방법이 있고 그것도 아니면 아주 작은 도시에서 편법으로 어학연수를 하는 방법도 생각해볼 수 있다고 넌지시 이야기해주었지만 그런 옵션이 가당키나 하겠는가!

연수지를 대만으로 결정하고 문득 돌아보니, 어렸을 때는 대만을 자유중국이라고 불렀던 기억이 났다. 당시 중국대륙의 정부는 중공이라고 불렀는데 이는 중국 공산당의 약칭으로 온전한 국가라기보다는 공산당이 정권을 잡은 정부라는 부정적인 의미가 강했다. 철저한 반공국가를 표명하던 당시 우리나라와 중국과의 관계를 한마디로 보여주는 표현이었으며, 실제로도 전혀 외교 관계나 왕래가 없었기 때문에 일반 국민 입장에서는 중공의 구체적인 내부 상황을 알 길이 없었다. 반면 대만은 1949년 국공내전에서 공산당에 패한 국민당 정부가 대만으로 쫓겨간 이후(국부천대國府遷代), 우리나라와는 함께 공산주의에 맞선다는 연대의식의 바탕 위에 다양한 인적·물적 교류까지 더해져 친근하고 밝은 이미지로 다가왔다. 국제적으로도 대만은 중국 유일의 합법 정부로 인정받는 유엔 가입국이었을 뿐 아니라 막강한 5대 상임이사국 중의 하나였다.

그랬는데 1971년에 모든 것이 바뀌었다. 당시 미국의 닉슨 행정부는 정치적 필요상 중국대륙과의 관계 개선이 필요하다고 판단하고 그해 4월에 탁구 선수단을 중국에 보내는 이른바 핑퐁외교로 양국 간 교류에 물꼬를 텄고 7월에는 헨리 키신저가 비밀리에 중국을 방문해 저우언라이 총리와의 회담을 통해 이듬해 닉슨의 방중을 합의하기에 이르렀다. 이와는 별도로 국제적인 세력 판도도 급격히 중공 측으로 기울어졌다. 그리고 마침내 10월 25일 제26차 유엔총회의 투표를 통해 중공이 중국을 대표하는 유일 국가로 인정을 받았고 대만은 유엔에서 탈퇴해야만 했다.

한편 우리나라는 해방 후인 1948년 당시 대륙의 정부였던 중화민국과 수교를 한 상태에서 중화민국 국민당 정부가 1949년 대만으로 옮겨간 후에도 외교 관계를 그대로 유지했다. 그러다가 노태우 정부가 수행한 북방정책의 피날레로 1992년 한중 수교가 이루어지면서 대만과는 단교할 수밖에 없었다. '하나의 중국' 원칙을 내세운 중국의 강력한 요구 때문이었는데, 이는 1979년 미국이 중국대륙의 공산당 정부와 정식으로 수교할 당시에도 마찬가지였다. 그 후 현재까지 한국과 대만은 서로 대사관은 없지만 대표부 성격의 외교 기구를 통해 지금까지 비공식적인 교류 관계는 유지하고 있다.

비자부터 어학원 선택까지 스스로

대만 연수에서도 중요한 문제는 어학원을 고르는 것이었다. 알아보니 대만은 시스템상 일반적으로 대학 부설 어학원을 선택한다고 하니, 지난 3년간 페루, 프랑스, 일본의 사설 어학원에서 공부할 때와는 상황이 달랐다. 대만은 비자 발급 등의 행정절차도 어렵지 않다는 이야기를 들어서 이번에는 혼자서 제반 절차를 진행했다.

어학원은 일단 수도 타이베이에 있으면서 중심지와 가까워야 한다는 조건으로 찾아보니 국립대만대학과 국립대만사범대학 두 곳으로 선택지가 압축되었다. 어느 곳이 특별히 좋다고 할 것 없이 비슷하게 생각되었으나, 국립대만대학은 오랫동안 근무한 국립서울대학과 뭔가 느낌이 비슷할 것 같아서 기분상으로나마 분위기도 바꿀 겸 국립대만사범대학으로 결정했다. 이곳 중국어 교육센터*mandarin training center*가 1956년에 개설되어 대만에서 가장 오래되고 학생 수도 많은 곳이라는 것은 나중에 알았다.

비자 발급에서 어학원 등록 그리고 숙소 예약까지 특별한 문제 없이 순조롭게 진행되었다. 그런데 한 가지 특이한 것이 있었으니 비자 기간이었다. 전전년도 프랑스에서는 6개월 어학연수 기간을 고려해서 한 달 정도 여유 있게 비자 기간을 정해주었고, 전년도 일본에서는 아예 1년 3개월을 준 뒤 개인 사정상 6개월을 원하는 경우 본인이 스스로 단축하는 형식을 취하게 했다. 그런데 이번 대만에서는 처음에는 무조건 2개월로 기간을 한정한 뒤, 현지 이민국에서 연장해야 하는 형식이었다.

연장 기간 역시 2개월 이내로만 가능해서, 결국 입국한 후에 이민국을 세 차례나 찾아가 연장 절차를 밟아야 했다. 연장할 때마다 재적 증명서와 출석 및 성적 증명서를 제출해야 했는데, 이민국 설명으로는 어학연수 비자만 받아놓고 정작 어학원에서 공부는 제대로 하지 않고 다른 일을 하는 것을 방지하기 위함이라고 했다. 글쎄, 다른 나라의 방식과 비교하면 그렇게 논리적으로 와닿지는 않았다. 또 단순한 어학연수 비자는 어떤 경우에도 6개월이 최대 기간이고 그 이상 공부를 원할 때는 거류증이라는 것을 신청해야 했다. 이 또한 6개월 정도의 어학연수 과정을 마친 후 여유롭게 1~2주 정도 대만 국내를 여행하려는 사람에게는 상당한 제한점으로 생각되었다.

분반과 수업
그리고 동료 학생들

2023년 3월 6일 월요일, 대만사범대 '언어중심' 건물에 있는 대강당에서 전체 학생을 대상으로 한 오리엔테이션이 이루어졌다. 어학당의 규모만큼이나 학생 수도 대강당을 가득 메울 만큼 많았다. 그리고 이번에는 미리 온라인 시험을 치러두지 않았기 때문에, 수업 시작 전주에 현장에서 듣기와 읽기 시험 그리고 시험관과의 직접 면접을 통한 말하기 테스트로 분반 평가가 이루어졌다. 분반은 유럽식 6등급 평가 기준에 준하는 방식으로 1급에서 6급으로 나누고, 각 수준에 해당하는 교재를 중심으로 공부를 진행한다고 했다. 학생 수가 많은 대학 부설기관이니만큼 6급 이상에 해당하는 고급반도 임의로 7급, 8급 등의 명칭을 붙여가며 따로 개설해놓고 있었다.

면접까지 끝내고 나니 시험관이 "6급 이상의 수준으로 판단된다. 몇 가지 과정이 있는데 어떤 것을 원하느냐?"라고 물었다. 아마 내가 교육과정을 꽤 상세히 알고 있다고 생각해서 그렇게 물은 모양인데 당시 나에게는 구체적인 정보가 전혀 없었다. 그래서 그냥 막연하게 최상급 반을 원한다고 했더니, 가장 수준이 높은 반은 단편소설 등과 같은 대만 현대문학을 공부하는 반인데 원하는 공부 방향과는 맞지 않을 것 같다고 하면서 대만과 중국과의 차이와 관계를 다루는 7급에 해당하는 '양안차이면면관'이라는 수업을 추천해주었다. 참고용으로 보여주는 교재를 보니 내용이 아주 마음에 들어 흔쾌히 그렇게 결정했다.

반은 크게 밀집반과 보통반, 두 가지 형태가 있는데 밀집반은 하루 세 시간, 주 열다섯 시간 수업으로 이루어져 있고, 학생 수가 6~9명으로 상대적으로 적었다. 수업료도 당연히 더 비쌌다. 보통반은 하루 두 시간에 주 열 시간 과정이지만 도서관에서의 자율학습 등 기타 방법으로 일정 수업 시간을 의무적으로 보충해야 했다. 가능한 수업을 많이 원한 나는 10시 20분에서 오후 1시 10분까지 진행되는 밀집반 수업을 선택했다.

같은 반 학생 수는 모두 아홉 명이었는데 나를 제외하고는 영국인 세 명, 미국인 한 명, 프랑스인 한 명, 스페인인 한 명, 노르웨이인 한 명, 태국인 한 명이었다. 예상외로 유럽인이 많았는데 동료 학생들의 배경도 꽤 다채로웠다. 영국인 세 명 가운데 한 명은 대만 회사에서 이미 수년간 유럽정치 고문으로 일하고 있었고, 나머지 두 여학생은 영국 대학에서 중문과를 전공하고 있는 학생들로 교환학생으로 와 있다고 했다. 미국인의 경우는 미군 출신으로 국무성에서 파견되어 중국어 공부를 하는 사람이었다. 나머지 학생들도 대학에서 중국어를 전공하고 중국에서도 6개월 교환학생 경험이 있는 노르웨이인, 대만에서 7년째 생활 중인 프랑스인, 일본에서 4년간 유학을 마치고 지금은 1년 가까이 대만에서 중국어를 공부하면서 장차 태국어, 일본어, 중국어 동시통역가를 목표로 공부하는 중국계 태국인, 대만에서 언어학 박사학위 취득을 목표로 하는 스페인인 등 상당한 실력자로 구성되어 있었다. 40대 초반의 여성인 담당 강사도 노련함과 열정으로 공부를 더욱 흥미롭게 해주었다.

봄학기가 끝나자 다음 3개월 예정의 여름학기 과정을 새로 신청해야 했는데, 선택지가 그렇게 많지는 않았다. 봄학기에 우수한 성적을 기록했기 때문에 고급반으로 개설된 과목 중에서 사실상 원하는 것을 선택할 수 있었다. 신청 가능한 과정은 나름 다양해 보였지만, 신청 학생 수에 따른 개설 여부가 문제였다. '손자병법' 같은 과정이 대표적인 예로 개설 가능성이 거의 없다고 했다. '사상과 사회'라는 그럴듯한 제목의 과정이 있었지만, 이전 강사가 담당하는 것이 걸렸다. 훌륭한 선생님이었지만 6개월 내내 한 선생님에게만 배운다는 것은 공부 효율상 문제가 있어 보였다.

남은 것은 각종 신문기사를 교재로 만들어 공부하는 '종횡천하사 1, 2' 과정과 '고급 비즈니스 과정' 그리고 '고급 독해 과정' 정도였는데 비즈니스 과정이 지금 나에게 필요할 까닭이 없고 대만의 현대문학 등을 교재로 한다는 독해는 아예 흥미가 없었다. 마지막 남은 종횡천하사 중에서는 2권에 전문용어가 조금 더 많다고는 하나 이전 선생님은 난이도에서는 차이가 없다면서 내용은 1권이 더 재미있을 것이라고 추천해주었다. 그런데 정작 결정을 좌우한 것은 수업 시간이었다. 1권은 오전 11시 20분에 시작하는 세 시간 수업인데, 2권은 아침 8시 30분에 시작하는 세 시간 수업이었다. 수업을 빨리 마친 뒤 낮 시간을 특별히 활용할 계획도 없는 데다가 이 나이에 아침 등교 시간에 쫓기면서 수업을 듣는 것은 무리라고 판단했다. 그렇게 결국 종횡천하사 1권 과정을 듣게 되었다. 전체적으로 전 학기에 비해 수업 내용이 꽤 쉬운 편이었으나, 여전히 배울 것이 적지 않았기 때문에 최대한 공부 성과를 얻기 위해 열심히 수업에 임했다.

종횡천하사를 담당한 강사는 대만대학교 중문학과를 나와 문학 박사학위를 가지고 있는 40대 중후반쯤의 남자 선생님이었다. 지난번 학기의 강사와는 강의 스타일이 완전히 달라서, 성격은 꽤 남성적인데 강의 내용은 오히려 꼼꼼했다. 평가도 어려운 시험 없이 주로 받아쓰기와 구두 발표 그리고 과제 위주로 이루어졌다. 그리고 특이하게도 학생이 시험 답안지나 과제물을 제출하면 10분간의 쉬는 시간 동안 다른 방에 가서 채점을 한 뒤 바로 그다음 시간에 결과를 학생들에게 나누어 주었다. 일을 집으로 가져가지 않겠다는 깔끔한 처리 방식일 수는 있겠으나 아무래도 여유 없이 너무 빡빡해 보였다.

돌이켜 보면 지난 4년간 4개국을 돌며 다양한 수업 과정만이 아니라 다채로운 개성을 선생님들을 함께 만났다. 어학원 강사는 치열한 생존경쟁 속에서 살아남는 자리이기 때문에, 기본 실력은 흠잡을 데 없었지만 문제는 개별 학생과의 궁합이었다. 실력과는 관계없이 성격과 수업 방식이 나와 잘 맞지 않는다고 느낄 수는 있지만, 결국 공부의 성과는 자신에게 달려 있다고 믿는다. 나도 '노력하지 않는 학생은 있지만, 노력하지 않는 선생은 없다'라는 생각으로 항상 최선의 자세로 수업에 임했다.

어디서든,
끝까지 해내려는 마음

중국어 연수를 대만으로 간다고 하자 가까운 몇몇 사람이 이렇게 물으며 궁금해했다. "대만 중국어는 대륙의 중국어와 비슷한가요?" "대만은 사투리가 심하다던데 표준중국어를 배우는 데 문제는 없나요?" "대만에서 쓰는 한자가 중국과 다르다던데 따로 공부하는 것이 힘들지 않을까요?" "대만에서 공부해서 중국 사람들과 제대로 소통할 수 있을까요?"

결론부터 이야기하자면, 중국어를 배우는 최종 목표가 중국에서의 구직이나 학교 진학이라면 당연히 대륙에서 어학연수를 하는 것이 최선이다. 그렇지 않다면 대만에서 배운 중국어로 대륙 사람들과 소통하는 데에는 아무런 문제가 없다. 대만에서 배우는 중국어는 대륙의 표준중국어와 기본적으로 같은 언어이기 때문이다. 그렇다고 해서 대만의 전반적인 언어 상황이 대륙과 똑같다는 이야기는 아니다.

우선 대만과 중국 사이에는 글자체가 다르다는 문제가 있다. 그래도 대만에서 쓰는 번체자와 중국에서 사용하는 간체자의 차이는 의외로 쉽게 적응이 된다. 간체자를 만든 몇 가지 원리만 터득하면 이해의 속도가 빨라진다. 만일 나처럼 한국에서 우리나라식 한자 자형도 공부했고 중국어 공부는 간체자로 했다면 오히려 간체자와 번체자 두 가지를 모두 활용하는 좋은 기회도 될 수 있다.

참고로 나와 같은 반이었던 미군 출신인 한 학생은 회화능력은 좋았지만 한자 쓰기에 무척 취약했다. 미국 군대에서 처음 중국어를 배울 때 쓰기는 거의 배우지 않았기 때문이다. 그런데도 어학당 최고 수준의 반까지 올라왔다. 극단적인 예이긴 하지만, 요즈음 같은 컴퓨터 시대에는 한자를 제대로 쓰지 못해도 충분히 고급 수준의 중국어를 구사하고 활용할 수 있다는 좋은 보기다. 사실 어려운 번체자의 경우 대만의 일반인은 말할 것도 없고, 심지어 어학당 선생님들도 정확하게 쓰지 못하는 경우가 있다. 역으로 말하자면 설사 잘 모른다고 해도 큰 문제는 없다는 뜻이다.

발음 문제 역시 마찬가지다. 만일 본인이 중국의 얼화 발음(글자 뒤에 '儿(얼)'이 붙어, 읽을 때 앞글자와 같이 소리가 나며 앞 음절의 뒷부분을 혀를 말아 발음하는 권설 운모가 되게 하는 현상)이나 권설음에 익숙하다면 그대로 발음하면 된다. 현지인 일부가 되물을 때도 있지만 결국은 다 알아듣는다. 대만 현지인이 하는 특유의 발음은 그 패턴만 약간의 학습을 통해 익혀나가면 그만이다. 서울 사람이 경상도에 가서 굳이 경상도 사투리를 쓸 필요가 없고 경상도 특유의 사투리 억양을 이해하기만 하면 그만인 것과 같은 이치다. 물론 현지 발음까지 제대로 구사하면 친밀도는 높아질 수 있을 것이다. 성조도 다른 단어가 일부 있는데 이 또한 자연스럽게 알게 된다.

대륙과 대만 사이의 일부 어휘 차이는 대만 중국어를 다루는 유튜브 등에서 독자들의 흥미를 유발하는 좋은 단골 소재다. 그 때문에 양쪽의 차이점이 조금 과장되기도 하는데 정작 와서 생활해보면 큰 힘을 들이지 않고도 금방 익힐 수 있다. 오히려 차이가 나는 단어를 발견할 때마다 공부하는 즐거움이 배가되는 느낌마저 있다.

대만의 한자 발음기호인 '주음부호注音符號' 사용도 전혀 문제가 될 것이 없다. 흔히 대만에서 공부를 계획하는 학습자들은 어렵게 보이는 새로운 발음기호를 추가로 익혀야 한다는 압박감에 스트레스를 받곤 한다. 나도 그랬다. 그러나 정작 와서 보니, 외국인 입장에서는 주음부호를 몰라도 아무런 상관이 없다. 우선 어학당의 선생님들도 비록 자신들은 주음부호를 사용하여 컴퓨터에 입력하더라도 학생들을 가리킬 때는 중국의 한자 병음을 사용한다. 거리나 공공장소의 안내 팻말도 대부분 로마자 표기로 되어 있다. 실생활에서 주음부호를 만날 기회가 거의 없다는 뜻이다.

한 가지 흥미로운 것은, 필자가 공부했던 대만사범대 고급과정의 반 학생들은 상당수가 구미권 출신이었는데 묘하게도 모두 중국에서의 체류나 공부 경험이 있었다. 그들에게 대만을 최종 어학연수지로 선택한 이유를 물었더니 정도의 차이는 있었지만, 한결같이 공부 외적 환경에서 대만의 자유로운 분위기가 마음에 들어서라고 대답했다. 물론 통계적 의미가 얼마나 있을지는 모르겠지만 나름대로 시사하는 바가 크다고 생각한다.

공부의 목표는 궁극적으로 하나다. 중국어 공부도 마찬가지다. 결국 그 목표를 달성하는 데 어떤 길을 선택하는 것이 가장 효율적일까 하는 문제인데, 중요한 것은 어떤 길이든 그 길을 끝까지 완주해내고자 하는 의지일 것이다. 중국어를 배우기 위해서 굳이 대만을 찾을 필요는 없다. 그러나 대만에서 공부한다고 해서 중국어를 제대로 못 배울 이유도 없는 것이다.

중국 글자와 대만 글자가
다른 이유

대만에서 사용하는 중국어와 대륙 중국어는 둘 다 국부천대 이전의 중화민국 국어를 기반으로 만든 언어체계이기 때문에 기본적으로 양자 간의 의사소통에는 아무런 문제가 없다. 다만 정치적·역사적 배경이 다른 데다 세월도 흐르고 지리적으로도 바다로 갈라져 있어 이에 따른 차이는 어쩔 수가 없다. 마치 미국과 영국의 영어, 프랑스와 캐나다 퀘벡 지역의 프랑스어처럼 발음과 어휘에서 비슷하게 차이를 보인다고 생각하면 이해가 쉬울 것이다.

대륙과 대만 사이의 중국어 차이는 크게 (1) 글자의 차이 (2) 발음의 차이 (3) 어휘의 차이 (4) 문법의 차이 (5) 발음기호의 차이 등 다섯 가지 측면으로 나누어 볼 수 있는데, 이 중에서 글자의 차이가 가장 뚜렷하고 대표적이다. 대만에서 사용되는 한자는 우리가 전통적으로 사용하는 한자의 자형과 기본적으로 같다고 보면 된다. 이런 자형을 번체자라고 하는데, 대만에서는 정자체라고도 부른다. 반면 중국대륙에서는 간체자를 사용하는데 중화인민공화국이 탄생한 이후 보다 쓰기 쉬운 한자를 보급함으로써 국민 문맹률을 획기적으로 낮추고자 하는 의도로 시작되었다.

그런데 사실 기존의 번체자에 대한 부정적인 견해는 하루아침에 만들어진 것이 아니었다. 청나라 말기인 19세기 중반부터 서구 열강과의 본격적인 교류가 시작되면서 서구의 월등한 군사력과 뛰어난 산업 기술력을 보고 열등감에 사로잡힌 당시 중국의 지식인들 사이에는 그 주된 원인 중 하나로 복잡하고 어려우면서 타자기 등의 기계화에 큰 걸림돌이 되었던 한자를 꼽는 분위기가 팽배했다. 당시 중국의 명망 높은 사상가이자 작가인 루쉰은 "한자가 없어지지 않으면 중국은 반드시 망한다"라고까지 말했다. 심지어 한자를 완전히 표음문자화하려는 과감한 시도까지 있었다. 물론 이런 과격한 시도는 대중의 호응을 받지 못했지만 대신 일종의 절충안으로 기존의 한자를 간략하게 만든 자형, 즉 간체자의 개발 필요성에 구체적인 관심을 갖기 시작했다.

이런 배경하에서 국가 차원에서 간체자를 만들고자 하는 본격적인 시도는 당시 대륙을 지배하고 있던 장제스의 국민당에 의해 시작되었다. 1930년부터 시작된 이 작업으로 1935년에는 중국 교육부가 연구 결과를 정리한 간체자표를 발표하기에 이른다. 그러나 당시 국민당 중앙상임위원이면서 국가고시원 원장이자 장제스의 절친한 친구이기도 했던 다이지타오의 격렬한 반대에 부딪히며 추진이 중단되고 말았다. 장제스는 그 후에도 한자의 획수가 너무 많아 사병 교육과 학생들의 학습에 막대한 지장을 초래한다는 이유로 다시 한번 간체화를 추진하려 했으나 전문가들의 반대에 가로막혀 또 한 번 좌절되고 말았다.

이런 우여곡절 끝에 이루어진 간체화 작업의 성공은 아이러니하게도 장제스의 영원한 정적 마오쩌둥에 의해서 이루어졌다. 1949년 국민당을 대만으로 축출하고 중국대륙의 공산화에 성공한 마오쩌둥은 1956년 국민 문맹률을 낮추는 한편 한자를 쓰는 시간을 줄이고 이해력을 높여 글자의 효율성을 증대하겠다는 목표 아래 '한자간화방안'을 정식 발표했다. 그 후 전문가들이 수년간의 연구 끝에 세 차례의 결과물 발표를 거쳐 마침내 1964년에 총 2,236자에 대한 '간화자총표簡化字總表'를 발표함으로써 공식적으로 시행되었다. 중국대륙에서 벌어지는 상황을 지켜본 장제스는 원수와도 같은 공산당의 정책을 따라갈 수는 없다고 판단하여 그때부터는 간체화에 대한 미련을 완전히 접고, 공산당이 중국의 전통문화를 파괴하고 있다고 맹비난하면서 이후 대만에서의 번체자 공식 사용 방침을 천명했다. 그때부터 오늘에 이르기까지 대

류과 대만 양국 사이에 사용 문자 차이가 생기게 된 것이다.

중국대륙에서의 간체자 사용은 사회 전반에 걸쳐 그야말로 획기적인 변화를 가져왔다. 일단 기존의 번체자에 비해 훨씬 쉽게 쓰고 이해할 수 있다는 점에서 간체자가 가져온 긍정적인 측면은 부인할 수 없는 사실이다. 그러나 여전히 번체자 사용의 필요성을 주장하는 사람들도 만만치 않게 이어지고 있는데, 이러한 논쟁을 '번간지쟁繁簡之爭' 또는 '자체지쟁字體之爭'이라고 부른다. 번자체 고수를 주장하는 사람들은 무엇보다도 새로운 간체자 제정이 중국의 문화적 정통성을 손상해 전통문화 보존에 큰 문제를 일으키고 있다고 말한다. 또 문맹률 문제는 근본적으로 대중교육에 대한 접근성의 문제지, 단순히 글자를 간단하게 만드는 것과는 관련이 없다고 주장하고 있다. 그리고 이미 컴퓨터 시대가 된 마당에 글자를 쉽게 쓸 수 있다는 것이 특별한 장점이 될 수 없다는 점도 강조한다.

이러한 간체자와 번체자 옹호론자는 서로 입장 차이가 뚜렷하고 각자의 논리에 나름의 일리가 있다. 그러나 현실적으로는 국제 무대에서의 강력한 위상을 바탕으로 중국 정부가 공식적으로 뒷받침하고 있는 간체자의 입지가 나날이 강화될 수밖에 없는 실정이다. 우리나라에서도 현재 젊은 세대에서는 대륙 중국어 교육의 영향으로 갈수록 간체자에 대한 이해가 높아지고 있다.

생각보다 복잡한
대만의 언어 지도

대만은 우리나라 경상도 크기에 불과한 작은 섬나라이지만 언어 체계는 역사적·정치적 배경 때문에 그렇게 간단하지가 않다. 현재 대만에서 사용되고 있는 언어는 크게 (1) 대만 중국어 (2) 대만어 (3) 객가客家어 (4) 원주민 언어의 네 가지로 나뉜다. 이 가운데 대만에서 사용하는 중국어를 대만어라고 오해하는 사람들이 많지만, 대만어와 대만 중국어는 엄연히 다른 언어 계통이다. 대만에서도 공식 언어로는 표준중국어를 사용하는데 중국대륙에서는 이를 보통화普通話, 한어漢语라고 주로 부르고 대만에서는 중문中文 또는 국어國語로 부른다는 차이가 있을 뿐이다. 우리로서는 '대만 중국어'라고 부르는 것이 정확한 명칭이다. 영어로도 'Taiwanese'가 아니라 'Taiwanese Mandarin'으로 번역된다.

그런데 표준중국어가 대만의 국어가 된 것은 그렇게 오래된 일이 아니다. 대만에 선사시대부터 거주한 원주민은 오스트로네시아 어족 계열의 언어를 사용했다. 대부분의 원주민 언어가 그러하듯 통일된 체계를 갖춘 언어가 존재했던 것은 아니고 흩어져 사는 부족 단위에 따라 다양한 형태의 언어가 존재했다. 이들이 사용하던 말 일부는 지금도 원주민어 형태로 남아 있다.

그러다가 17세기 들어 큰 변화가 일어나기 시작한다. 네덜란드의 통치 기간(1624~1662)과 이들을 물리치고 대만을 반청항쟁의 거점으로 삼은 정성공에 의해 개척된 정씨 왕조(1662~1683)를 거치면서 인근 푸젠성에서 거주하던 대륙의 중국인들이 본격적으로 이주해 오기 시작한 것이다. 당시 이주민이 원주민을 점차 밀어내면서 그들이 사용하던 지역 방언인 민남어가 자연스럽게 대만의 주된 언어가 되었다. 그리고 이렇게 대만에서 사용되기 시작한 민남어를 특별히 대만어라고 불렀다. 대만에서는 타이위 台語로 부르는 것이 일반적이고, 영어로는 보통 호키엔 *Hokkien*이라고 부른다. 영어의 티 *Tea*와 케찹 *Ketchup* 같은 단어도 민남어에서 왔다. 한편 오호십육국 시대(304~439)의 혼란으로 전란과 기근 등을 피해서 남쪽으로 피난 왔던 중원의 한족 일파인 객가인이 사용하던 언어인 객가어 *Hakka* 도 이 시기에 객가인을 따라서 대만으로 들어왔다.

대만어는 정씨 왕조에 이어지는 청나라(1683~1895)와 일본 제국(1895~1945)의 지배 시절에도 계속 대만 사회의 중심 생활언어로 사용되었다. 그러다가 제2차 세계대전 종전 이후 대만이 중화민국 정부에 반환되면서 대만의 언어는 큰 변화를 맞이한다. 변화의 결정적인 계기는 1949년 12월, 국공내전 끝에 공산당에 패배한 국민당 정부가 대륙에서 대만으로 쫓겨 오는 국부천대 상황이었다. 일제 패망 이후부터 대륙 사람들이 꾸준히 유입되었는데, 국부천대 과정에서는 국민당 정부와 함께 무려 200만 명 정도의 지지자들이 대만으로 피난했다. 이들은 출신 지역에 따라 사용 언어가 각각 달라 어려움이 컸다. 대만 토박이들과의 의사소통은 더욱 어려웠다. 이런 문제점을 인식한 국민당 정부는 각종 행정 업무의 편의 및 서로 간의 원활한 의사소통을 위해서 대만어의 사용을 억제하고 중화민국의 표준어였던 국어, 즉 표준중국어의 사용을 강제적으로 시행했다. 학교에서도 대만어의 사용은 금지되었다. 이후 표준중국어는 대만 중국어라는 대외적인 명칭 아래 대만의 모든 공식 분야에서 공용어로 자리 잡았다.

그러다가 1987년에, 1949년 이후 장제스 정권에 의해 무려 38년간이나 지속된 대만 계엄령이 해제되고, 1996년에는 총통을 국민의 직접선거로 뽑는 등 정치적 민주화가 일어나는 과정에서 대만어의 사용 금지는 자연스럽게 풀렸다. 대만어를 다시 학교에서 가르치기 시작했고 방송, 음악, 영화 등 각종 매체에서 대만어를 사용해도 탄압을 받지 않았다. 이후 2016년부터는 대만 독립 성향이 강한 민진당의 차이잉원 총통이 집권하면서 대만어의 활성화가 더욱 힘을 얻었다.

이번에 대만에 와서 보니 현지 주민들 사이에는 대만어, 즉 민남어로 대화하는 경우가 많지만, 외국인을 상대하거나 공식적인 자리에서는 거의 표준중국어를 사용했다. 민남어를 구사할 줄 아는 주민들은 민남어를 대만의 중요한 정체성 가운데 하나로 생각하는 것으로 보였다. 지역별로 보면 남부 지방의 민남어 사용 인구 비율이 월등히 높은데, 그중에는 표준중국어를 아예 모르는 사람도 있다. 남부 출신 어학원 강사 한 사람은 타이베이의 요즈음 젊은 사람들이 민남어를 제대로 말하지 못한다고 한탄하기도 했다.

일본인이 본 대만,
대만인이 본 한국

대만에서는 일본 식민지 시대를 일거시대 日據時代 또는 일치시대 日治時代 등으로 표현한다. 대만의 일본 식민지 기간은 1895년부터 1945년까지 51년간으로 우리나라보다 15년이 더 길다. 당시 탈아입구 脫亞入歐 를 모토로 서구 국가를 따라잡기 위해 노력하던 일본으로서는 대만이 첫 식민지였기 때문에 서구 열강에 보란 듯이 내세울 만한 식민지 경영을 위해 많은 고심을 했다. 대만에 부임하는 관료에게 현지인과의 소통을 위해 대만어(민남어)를 배울 것을 적극적으로 권장한 것도 그런 정책의 일환이었다. 이런 주도면밀한 준비를 한 대표적 인물로는 바로 고토 신페이가 거론된다.

고토 신페이는 19세기 말 20세기 초에 걸쳐 일본에서 의사, 관료, 정치가 등으로 다양한 방면에서 활약한 인물이다. 그는 1898년 대만 총독부의 민정장관으로 취임하면서 철저한 현지 조사를 통해 경제개혁과 인프라 건설을 추진했다. 그중에서 당시 그가 조사 결과 내놓은 결론 중 하나인 '고토 신페이의 대만을 다스리는 세 가지 책략'은 지금까지도 대만 사회에서 널리 인용되고 있다.

그는 대만인들의 특성을 죽음을 두려워하고, 돈을 밝히며, 체면을 중시하는 것 세 가지로 요약했다. 따라서 죽음을 지나치게 두려워하는 특성에 맞춰 고압적 수단으로 위협하는 정책이 필요하고, 돈을 지나치게 밝히는 특성을 이용하려면 작은 이익으로 유혹하는 정책이 필요하며, 체면을 중시하는 특성에는 허명을 주어 꾀는 정책이 알맞다고 결론지었다. 그 후 대만의 역대 총독들은 공개적으로 대만 통치 정책의 방침을 표명하지는 않았지만 모두 고토 신페이의 대만 통치 3책을 금과옥조처럼 받들고 제반정책을 수립해나갔다고 한다.

당시 고토 신페이가 제시한 이 세 가지 특성은 대만에서는 너무 유명해서 현재도 쓰임새가 크다. 예를 하나 들어보자. 2019년 거의 무명에서 출발하여 엄청난 돌풍을 일으키며 민진당의 아성인 가오슝에서 시장에 당선된 국민당 소속의 한궈위라는 정치인이 있다. 그 후 그는 2020년 대만 총통 선거에 뛰어든 것을 계기로 일시적으로 몰락의 길을 걷긴 했지만 2024년 대만 입법원장(우리 나라의 국회의장에 해당)으로 재기하였다. 어쨌든 그가 가오슝 시장에 당선되었을 때 반대 측 언론 중 하나에서는 다음과 같이 비난했다. '한궈위는 선거 기간 중 고토 신페이가 밝힌 대만인의 특성을 교묘하게 이용했다. 중국과의 관계가 개선되면 엄청난 경제적 반대급부가 기다리고 있다면서 돈을 좋아하는 국민성을 이용했고, 중국과의 관계가 나빠지면 전쟁 가능성이 커진다면서 죽음을 두려워하는 국민을 과도하게 공포에 몰아넣었다.'

죽음을 두려워하고 돈을 좋아하는 것은 따지고 보면 모든 인간의 본성이라고도 할 수 있다. 그러나 대만은 그 정도가 조금 도드라져 보이는 것도 사실이다. 가벼운 예로 대만은 4면이 바다로 둘러싸인 섬나라다. 바다와 자연스럽게 접할 수밖에 없는 자연환경이기 때문에 해양 스포츠가 발달할 것 같지만 실제로는 그렇지 않다. 심지어 수영을 할 줄 아는 사람도 생각만큼 많지 않다고 한다. 위험성이 높은 활동에 대한 전통적인 공포와 관계가 있을 수 있다는 것이 일부의 해석이다.

대만이 사랑하는 한류

한편 우리나라 발음으로 합한족, 중국식 발음으로는 하한주哈韓族

라고 부르는 용어가 있다. 한류에 열광하는 사람들을 일컫는 단어인데 대만에서 시작되어 중화권에 널리 퍼졌다. 한국 드라마, 음악, 패션 등을 좋아하고 따라 하는데, 단순히 좋아하는 정도가 아니다. 모든 답은 한자인 합哈 자에 들어 있다. '나는 너를 합한다 我很哈你'라고 하면 '머리를 조아리고 굽신거릴 정도로 좋아한다'라는 의미인데 실제는 발바리 또는 삽살개를 의미하는 '하빠고 哈巴狗 (합파구)'에서 유래되었다. 개가 주인을 열정적으로 따르는 모습에 비유하여 '무조건 순종하는 사람' 또는 '아첨하는 사람' 등의 의미로도 사용된다.

어학연수 수업 시간 중에 한 선생님은 '하한주'를 실감 나게 설명하기 위해 강아지가 주인에게 숨 가쁘게 혀를 내밀면서 좋아하는 장면을 직접 몸으로 표현해주기도 했다. 하한주는 대만의 전통적인 서양인 숭배 사상인 '숭양미외 崇洋媚外'와도 조금 다르다. 숭양미외가 '외국 문물을 경외감을 가지면서 숭배하고 알랑거리며 아첨하다'라는 의미라면, 하한주는 거리감이 있는 숭배보다는 마음속 깊이 진정으로 좋아하고 사랑한다는 의미이다. 특히 젊은 이 사이에 그만큼 한국 문화와 한국인을 좋아하는 사람이 많다는 이야기다.

하러주 哈日族 (합일족)라는 말도 있다. 나라 이름 앞에 합 자를 쓰는 대상 국가는 한국과 일본 두 나라뿐이다. 그런데 대만인에게 한국은 일본과는 약간 느낌이 다르다. 일본은 마치 항렬이 다른 친척 어른 정도의 존재처럼 받아들인다면, 한국은 잘나가는 형처럼 부러워하면서도 한편으로는 이겨야 할 상대로 인식한다고 한다. 40대 초반의 어떤 선생님은 자신이 어렸을 때부터 주위로부터 끊임없이 "한국은 해내는데 우리는 왜 못 하고 있느냐"라는 식의 이야기를 들었다고 한다. 한국의 목표가 일본이었다면 대만의 목표는 한국이었던 셈이다.

비단 대만인뿐 아니라 이번에 수업을 받는 과정에서 새삼 한국의 위상에 놀랐다. 한류의 영향력에 대해서는 익히 아는 상황이었지만, 많은 학생이 한국 단어나 문장 몇 개쯤 이야기해보려고 애쓰는 모습을 보고 뿌듯할 수밖에 없었다. 심지어 비록 더듬거리기는 하지만 한글을 읽을 줄 아는 사람도 여럿 있을 정도였다. 음식은 말할 것도 없고 꽤 깊이가 있는 역사 배경까지 아는 학생도 있었다. 이렇게 적지 않은 사람들이 한국에 보이는 관심을 직접 경험할 때마다 외국에서의 개인적 처신에 대해 진지하게 생각해보지 않을 수 없었다.

대만의
음주 문화

아시안 플러시 *Asian Flush* 라는 용어가 있다. 동아시아, 즉 한국, 일본, 중국 사람들 상당수에서 나타나는 술을 조금만 마셔도 얼굴이 쉽게 붉어지는 현상을 일컫는 말이다. 원인은 이미 의학적으로 명료하게 밝혀져 있다. 동아시아 민족의 특정한 유전형질에서 선천적으로 알코올 대사물질인 아세트알데하이드를 분해하는 능력이 떨어지는 것이 원인이다. 원래 알코올을 섭취하면 체내에서 아세트알데하이드라는 유독한 물질로 바뀌는데, 정상적 경우에는 간에서 아세트알데하이드 분해 효소 $ALDH2$가 작동하여 이를 해가 없는 아세트산으로 분해하여 해결한다. 그런데 효소가 부족하면 아세트알데하이드가 제대로 분해되지 못하고 몸에 누적되는데, 이 때 우리 몸은 아세트알데하이드 농도를 낮추기 위해서 혈관을 팽 창시키고 이 때문에 얼굴이 빨개지고 심장 박동이 빨라지는 등 불 편감이 생긴다. 간단히 말해서 이런 체질을 가진 사람은 술이 약 한 것이다. 만약 이런 타고난 체질을 무시하고 무리하게 음주를 계속하면 필연적으로 건강상에 큰 문제가 발생한다.

대만 어학연수를 이야기하면서 갑자기 아시안 플러시를 거론 한 데에는 당연히 이유가 있다. 2015년 미국 스탠퍼드대학교 연 구진에서 흥미로운 연구 결과를 발표했다. 아시안 플러시가 주로 나타나는 동아시아인의 ALDH2 효소를 조사한 결과 중국인은 35%, 일본인은 30%, 한국인은 20%의 결핍 비율을 보인 데 비해 대만의 경우 무려 47%에서 효소 결핍이 관찰되었다. 이는 두 사 람 중 한 명 정도가 알코올 분해능력에 문제가 있다는 것을 의미 하는데 단연 세계 1위에 해당하는 수치였다. 참고로 유럽 인종의 경우 5% 미만에서만 이런 현상을 보인다. 이 연구 결과는 대만 내 에서도 꽤 유명해 대만 국립사범대의 어학당 교재에도 그 내용이 공식적으로 수록되어 있을 정도다.

이런 타고난 체질적 배경에다 아열대 국가라는 기후적 요인과 엄격한 음주 단속 및 처벌까지 더해져 대만은 종교적 이유를 제외 하고는 세계적으로 현격하게 낮은 음주율을 보이는 국가 가운데 하나이다. 음주율에 대한 한 통계를 봐도 대만은 11.4%로 세계 평균 42.7%에 비해 현저히 낮다. 참고로 이 통계에서 한국의 음주율은 51%였다. 이런 이유로 인해 실제 대만의 일반 식당에서 식사하면서 술을 함께 마시는 사람은 흔치 않다. 혼자서는 물론 친구들과 같이 있을 때도 술을 앞에 놓고 이야기를 나누는 경우는 많지 않다. 주로 음식만 즐긴다. 간혹 동네의 작은 식당이나 야시장 좌판 등에서 나이 든 사람이 맥주를 앞에 놓고 음미하듯 마시고 있는 장면이 전부일 정도다. 술을 마신다 해도 웬만해선 상대방에게 적극적으로 권하지 않는다.

이런 분위기 때문에 우리나라 여행객이 관광객 대상 음식점이 아닌 일반적인 현지 음식점을 들르면 적잖이 당황하게 된다. 우리나라라면 식당 한쪽 구석에 있기 마련인 술 보관 투명유리 냉장고에도 일반 음료수가 주를 이룰 때가 많다. 이런 음식점에서는 심지어 주변 편의점에서 맥주를 사서 들어가 주문한 음식과 함께 마셔도 대부분 개의치 않는다. 나도 한번은 편의점 맥주 사 들고 가서 마시려고 하니까 이를 본 주인이 비록 제대로 된 맥주컵은 아니었지만, 술잔까지 제공하는 친절함을 보이기도 했다.

그렇다고 해서 대만에서 술과 관련된 문제가 아주 없는 것은 아니다. 음주운전 빈도나 관련 사고도 결코 적지 않아서, 우리나라와 마찬가지로 여전히 심각한 사회문제로 자리 잡고 있다. 보양식이라는 명분으로 특히 겨울에 즐겨 먹는 음식인 장무야(생강 오리탕), 샤오지우지(닭고기 훠거) 등은 식당에서 조리할 때부터 적지 않은 술을 넣기 때문에 술에 약한 탓인지 그 자체만으로도 음주운전 상황이 되는 경우도 적지 않다.

술집이나 바가 없는 것도 아니다. 맥주집, 와인바, 위스키 전문점 등 우리나라에서 볼 수 있는 형태의 주점들은 대부분 존재한다. 다만 그 수가 상대적으로 적을 뿐이다. 그런 와중에 '러차오디엔'이라는 대만 특유의 대중 술집 형태는 특이하다. 러차오는 사전적 정의로는 현장에서 바로 만든 요리라는 뜻인데, 일반적으로는 센불로 빨리 요리한 것이라는 의미로 '콰이차오'라고도 부른다. 우리가 일반적으로 알고 있는 중국요리의 상당수가 여기에 속한다고 보면 된다. 이런 러차오 요리를 중심으로 각종 신선 해산물 요리까지 메뉴로 더해서 술을 팔며 영업을 하는 곳이 대만의 '러차오디엔'이다. 우리나라 기준으로 보면 대형 실내 포장마차에 해당한다. 대부분 저녁에 문을 열기 시작해서 밤늦게까지 영업을 하는데 대형 체인점에 속해 있는 경우가 많다. 술은 맥주 위주로 파는데, 술을 마음놓고 마실 수 있는 곳이 그렇게 많지 않은 대만에서 야간모임 장소로서 중요한 역할을 하고 있다. 높은 알코올 도수의 고량주로 유명한 나라이지만 러차오디엔에 고량주가 있는 경우는 흔하지 않고 오히려 맥주보다 강한 술로는 한국 소주를 비치해놓은 곳이 많다.

대만에서 전체적으로 가장 많이 소비되고 있는 술은 세계 대부분 국가와 마찬가지로 맥주인데, 근래의 경제성장과 세계화 분위기와 맞물려 와인 및 위스키 소비도 해마다 늘고 있다. 여행객에게 대만을 대표하는 술로 널리 알려진 고량주도 슈퍼나 편의점 어느 곳에서나 쉽게 볼 수 있고, 그 밖에도 스카치위스키, 일본 사케, 한국 막걸리와 소주 등 각종 수입 술도 진열대에서 보편적으로 만날 수 있다.

지난 페루, 프랑스, 일본에서도 마찬가지였지만 이번 대만 어학연수에서도 탐구하듯이 술을 즐겼다. 이제 폭음을 하는 나이는 훨씬 지났지만, 대부분 숙소에서 하루를 정리하면서 우리나라에서는 쉽게 경험하지 못하는 현지 술들을 사서 마셨다. 적지 않은 나이에 4년간 객지에서 홀로 생활하며 공부하는 데 술은 좋은 동반자가 되어주었다. 평소 '술은 칼과 같다'라는 말을 항상 깊이 새기고 있다. 술을 거리의 칼로 만드느냐 아니면 부엌의 칼로 만드느냐는 각자 자신의 몫일 것이다.

대만은 왜
일본에 호의적인가

대만 어학연수에서 사용한 교재 중에 대만의 역사를 다루는 토론 항목에 '똑같이 일본 통치를 받았는데 한국과 비교해서 대만은 왜 일본을 싫어하지 않는가?'라는 질문이 들어 있었다. 사실 상식적인 측면에서만 보더라도 식민지 경험을 한 세계 어느 나라든 식민지배 당시에 완강하게 저항하는 것은 물론 독립을 쟁취한 이후에도 지배국가에 대한 반감 및 적대감이 계속 남아 있기 마련이다. 그런데 대만은 왜 예외적인 상황이 된 것일까? 그 배경에는 상당한 역사적 이유가 자리 잡고 있다.

식민지 이전

대만은 일본 식민지 지배 이전에도 이미 다양한 외세에 점령을 받은 경험이 있었는데 그중 선두 주자는 네덜란드였다. 대륙 동쪽의 작은 섬으로 미개한 원주민의 땅이라고 여긴 역대 중국 왕조는 대만을 줄곧 관심 밖에 두었는데, 대항해 시대가 도래하면서 적극적으로 아시아에 진출한 네덜란드 세력이 그 틈을 파고들어 1624년에서 1662년까지 대만을 점령하면서 식민지배를 했다. 스페인 세력도 네덜란드에 패배하여 물러서기까지 일시적으로 대만의 북부를 지배하기도 했다.

그 후 네덜란드 세력을 몰아내고 대만을 차지했던 반청복명 항쟁가 정성공도 대만으로서는 엄연한 외세였다. 당시 중국대륙에서는 명나라가 청나라의 집요한 공격과 이자성이 주도한 내란으로 마침내 멸망했다. 그러자 중국 남동쪽 해안에서 해상 활동을 중심으로 활약하던 지역 맹주 정성공은 명에 대한 여전한 충성을 맹세하고 남명의 2대 황제인 융무제를 옹립하며 청에 대항했다. 하지만 청군에게 패하면서 1661년 군사 거점을 옮기기 위해, 네덜란드가 지배하던 대만을 노린 것이다. 네덜란드와의 전투 끝에 정성공은 1662년 초에 대만에서 정씨 왕국을 건립하는 데에 성공했다. 대만 땅에 대변혁을 일으킨 정성공은 새로운 나라를 세운 지 얼마 되지 않은 1662년 6월 23일에 40이 채 되지 않은 나이에 말라리아로 병사했다. 그가 죽은 후 정씨 왕국은 21년간 유지되다가 1683년에 결국 청나라에게 항복하고 만다. 그런데 길지 않은 대만의 역사에서 '정성공'이라는 인물의 등장에서부터 이미 일본과의 특별한 관계가 형성되었다고 볼 수 있다. 바로 정성공의 어머니가 일본인이었으며 정성공 자신도 어릴 때 일본에서 자랐기 때문이다. 정성공은 일본어에 능통했으며, 일본과 활발한 교역을 해나갔다. 대만과 일본은 벌써 이때부터 긴밀하면서도 우호적인 관계를 만들어갔다고 볼 수 있다.

같은 시기 한국과 일본의 관계는 어땠을까? 정성공이 활약하던 시절 조선은 수십만 명의 사망자를 낳은 임진왜란의 아픈 상처를 여전히 간직하고 있었다. 전쟁이 끝난 지 60년이 넘었고 단절되었던 국교도 조선통신사의 방일을 계기로 겉으로는 회복이 되었지만, 침략전쟁을 일으킨 일본에 대한 마음속 깊은 반감은 여전했다. 당시 깊은 사대주의 정서 속에 중국에 대해서는 항상 저자세였지만 일본만은 한 수 밑의 나라로 생각했기 때문에 그 충격은 더할 수밖에 없었다.

정씨 왕조의 멸망 이후 대만은 청나라의 지배를 받았다. 그러나 당시 대만인의 관점에서 청나라는 네덜란드와 스페인 그리고 정씨 왕조에 이은 또 다른 침략자에 지나지 않았다. 청은 대만을 효과적으로 장악하지도 못했고 적극적인 관심을 기울이지도 않았다. 반면 동아시아의 전략적 요충지인 대만에 대한 서구 열강의 관심은 19세기까지 이어졌다. 1854년 일본을 개항시킨 유명한 미국 해군의 페리 제독은 당시 필모어 대통령에게 '대만은 명목상 청나라 소속이지만 실제로는 독립적인 존재'라고 보고서를 올리면서 미국 보호령으로 만들어야 한다고 주장하기도 했다. 이때 벌써 외부의 눈으로 볼 때도 청과 대만의 관계가 긴밀하지 않았다는 증거였다.

그 후 1895년 일본의 식민통치 직전 상황도 대만은 한국과 완전히 달랐다. 무엇보다도 대만은 중국의 한 섬이었을 뿐이지 독립적인 국가가 아니었다. 이에 반해 한국은 비록 당시 청나라에 조공은 바치고 있었지만, 대만과는 달리 엄연한 독립국으로서의 정체성을 가지고 있었다. 대만은 청일전쟁에서 청이 패배하면서 열린 시모노세키 강화 조약으로 일본에 타의로 할양되면서 당혹감과 함께 청나라에 대한 일종의 배신감을 느꼈다면, 한국은 오로지 일본에 대한 무력감과 분노로 치를 떨었다. 이렇게 한국과 대만의 일본에 대한 감정은 여러 가지 측면에서 시작점부터가 크게 달랐던 셈이다.

식민지 시절

대만은 우리나라보다 15년 전인 1895년 4월 17일에 일본의 식민지가 되면서 일치시대를 맞았다. 탈아입구의 기치 아래 유럽 열강과 어깨를 나란히 하기 위해 국력을 키워가던 중 마침내 청일전쟁에서 승리하면서 그 대가로 얻어낸 대만 땅은 일본으로서는 회심의 첫 식민지였다. 당시 일본은 자기들도 서구 열강 못지않게 식민지 경영을 잘할 수 있다는 모범사례를 만들기 위해 처음부터 각별한 노력을 기울였다. 초장기에 기업가와 투자가 중심의 일본인이 대만에 온 것도 이런 이유 때문이었다. 이들은 낙후된 대만 경제를 활성화하여 현지인의 고용 창출과 생활 여건 향상에 큰 역할을 했다. 대만인 입장에서도 일본을 탐욕스러운 식민 지배자로 보기보다는 단순히 네덜란드와 스페인, 정씨 왕국, 청나라에 이은 또 다른 지배 세력의 교체로 보는 시각이 많았다.

또 하나 중요한 사실은, 그때 일본은 청일전쟁에서 승리한 대가로 얻어낸 막대한 전쟁 보상금으로 국가 재정에 큰 여유가 있었다는 점이다. 당시 일본의 7년간 세수에 해당하는 풍족한 재정을 바탕으로 대만에 적극적으로 투자했고, 결과적으로 고용률이 대폭 증가하는 등 대만의 전반적인 경제 상황이 크게 개선되었다. 철도, 항만, 교육 시설 등 이전에 없었던 사회 인프라 구축도 본격화되었다. 치안도 눈에 띄게 좋아졌다. 이렇게 청의 지배 시절보다 모든 생활 여건이 향상되자 만족하는 대만 사람도 점점 늘어났다.

물론 일본과 대만 사이의 관계가 시작부터 내내 우호적이고 협동적인 것은 아니었다. 실제 식민지배 초기의 상황만 놓고 보면 대만에서의 저항 사상자가 한국보다 오히려 더 많았다. 시모노세키 조약으로 일본 식민지가 확정되자 대만 내 일부 청나라 관료의 주도로 1895년 5월 23일 남쪽 타이난에 수도를 둔 '타이완 민주국'을 만들어 독립을 선언했다. 일본군은 즉각 진압 작전에 나섰고 결국 약 5,000명의 희생을 치르면서 대만 공화국은 그해 10월 21일, 채 6개월도 버티지 못하고 단명으로 끝나고 말았다. 그 후 1930년에 일어난 대만 원주민의 항일 봉기인 우서사건 때도 수천 명의 사상자를 낳았다. 반란의 주역이었던 세디크족은 멸족 상태에 이르렀다. 이런 우여곡절에도 불구하고 어쨌든 일본의 대만 식민지 경영은 전반적으로 성공적인 모습을 보이며 진행되었다.

반면 대만이 식민지가 된 1895년의 우리나라 사정은 달랐다. 나날이 국력이 쇠퇴해가는 상황에서 조선 땅에 대한 주도권을 놓고 일본과 청나라 사이에 청일전쟁(1894~1895)이 벌어지고 있었다. 이 때문에 임진왜란 이후 처음으로 우리나라에 들어온 일본의 대규모 집단은 대만과는 달리 군인이었다. 그들은 전쟁 과정에서 청나라 군인뿐 아니라 조선의 민간인도 대량 학살하면서 조선인의 반일 감정을 키웠다. 게다가 청일전쟁이 끝나고 몇 개월 후인 1895년 10월 8일에는 일본인 낭인들에 의해 명성황후가 비참하게 살해되는 을미사변이 일어나면서 일본인에 대한 분노가 한층 더해졌다. 이처럼 대만과 달리 우리나라는 멀리는 임진왜란에서부터 가깝게는 19세기 말 당시에 일어난 일련의 사태에 이르기까지 일본에 대한 악감정이 식민지배 이전에도 이미 누적이 되어 있었다.

한일합방 전해인 1909년 10월 26일에는 하얼빈에서 당시 일본 총독인 이토 히로부미를 안중근 의사가 암살하는 사건이 발생했다. 이에 자극을 받은 일본 정부는 한일합방 이후 만일의 사태에 대비해 항상 군 출신 인사들을 조선 총독으로 파견하기로 방침을 정했다. 이 때문에 역대 조선 총독 아홉 명이 모두 육군 또는 해군 대장이었다. 정책이 억압적일 수밖에 없었다. 이런 분위기 속에서 1919년 3·1운동 때는 제암리 학살사건으로 수십 명이 한꺼번에 불타 죽는 비극이 생기기도 했다. 반면 대만도 초기에는 조선과 마찬가지로 군 장성들이 총독으로 파견되었지만 1919년부터는 20년 가까이 경제 활성화와 연관된 민간인 출신 총독이 파견되었다.

그리고 또 하나 러일전쟁이라는 중요한 변수가 있었다. 1904년 2월 8일 발발한 이 전쟁에는 일본이 처음 예상했던 것보다 엄청나게 많은 군사비가 들어가면서 국가 재정이 위태로울 정도로 곤경에 빠졌다. 결과적으로는 전쟁에 승리하면서 1905년 9월 5일 미국의 중재로 포츠머스 강화조약을 맺고 한반도에서 독점적인 지배권을 확보했지만, 막대한 전쟁 배상금을 받아낸 청일전쟁 때와는 달리 러시아의 완강한 거부로 전쟁 배상금을 한 푼도 받지 못하는 상황이 되었다. 이는 당시 일본의 재정에 큰 타격을 주었으며 한일합방 이후에도 대만에서처럼 큰 투자를 하지 못하는 결정적인 이유가 되었다.

그러자 어쩔 수 없이 일본 정부는 조선의 개발에 필요한 비용을 조선에서 착취한 돈으로 충당하려 했다. 철도나 전화, 학교 등 기반시설을 만들 때 대만의 경우 일본 정부의 돈으로 지원했지만, 조선에서는 한국인의 땅과 재산 등을 착취하여 이를 일본 사업가들에게 되파는 형식으로 개발에 필요한 투자금을 확보했다. 이 과정에서 조선인의 불만이 고조될 수밖에 없었고 부당한 처사에 저항하는 과정에서 무고한 사람이 많이 희생되었다.

더구나 당시 군 출신인 조선 총독들은 대만 총독에 비해 경영 능력이 떨어져, 경제 상황이 열악했다. 이런 상태에서 중일전쟁 (1937~1945)이 발발하자 일본 정부가 한반도를 전쟁 거점으로 삼고 수천 명의 조선 출신 노동자를 군수 공장에 투입하면서 경제가 더욱 나락에 빠졌다. 이윽고 태평양 전쟁(1939~1945)까지 시작되면서 상황은 최악으로 치달았다. 조선에서 생산되는 쌀의 상당 부분이 군용으로 약탈당하면서 조선 민중의 기근이 더욱 심화되었다. 그렇지만 전쟁으로 인해 일본과 대만 사이의 해상 운송이 여의치 않아지면서, 대만은 이런 약탈에서 벗어날 수 있었다. 이런 제반 상황 속에서 당시 대만인의 일본에 대한 감정이 조선인에 비해 월등히 호의적일 수밖에 없었다.

식민지 이후

일본이 1945년 8월 15일 항복 선언을 하자 그해 10월 대륙의 중화민국 정부가 임명한 행정장관 겸 경비총사령관 천이가 대만에 도착했다. 그는 일본의 대만 총독으로부터 공식적인 항복을 받아내면서 대만인의 열렬한 환영과 기대 속에서 업무를 시작했지만, 이후의 상황은 대만인으로서는 기대에 못 미치는 정도를 넘어서 모든 면에서 끔찍했다. 당시 국민당 정부는 대만을 충분히 이해하지 못했고 심지어 정부 일각에서는 대만인을 일제의 중국 침략에 협조한 잠재적 조력자 정도로 간주할 정도였다. 게다가 대만 행정부의 요직뿐 아니라 교사와 말단 공무원, 경찰, 군인까지 대륙에서 건너온 외성인이 대부분 차지했고 주민에 대한 착취도 심했다. 경제 실정도 계속되어 실업률이 증가하고 쌀값이 몇백 배로 폭등하는 등 주민의 삶이 갈수록 어려워졌다.

이렇게 대만 본성인의 실망감이 점점 커지면서 국민당 정부의 대만 통치에 배신감까지 느끼게 되었다. 당시 유행했던 '개가 가고 나니 돼지가 왔다'라는 말이 당시 이들의 심정을 잘 대변한다. 이런 분위기 속에서 발생한 대만 현대사의 최대 비극인 2·28 사건은 수만 명의 사망자를 낳은 채 대만인의 가슴에 깊은 상처를 남겼다. 모든 정치적·경제적 여건이 일본 지배 시절보다 못해지면서 대만인 특히 엘리트 계층 사이에서는 자연스레 일제 시절에 대한 향수가 깊어져갔다.

그 후 1949년의 국부천대로 들어선 장개석의 국민당 정부는 일본을 중요한 정치적·경제적 파트너로 생각하면서 긴밀한 관계를 이어나갔다. 일본에 대한 대만 국민의 호의적인 감정과 함께 양국 공동의 적인 대륙의 공산당 정부에 대한 대응 의식이 크게 작용했을 것이다. 독립 후 20년이 지난 1965년이 되어서야 겨우 국교가 정상화될 정도로 일본과의 관계 정상화가 느렸던 한국에 비해 속도가 빨랐다. 국교가 정상화될 때도 한국은 식민지 배상금을 끈질기게 요구하여 받아냈지만, 대만은 구상권 청구를 스스로 포기하면서 아예 요구조차 하지 않았다.

똑같이 일본의 지배를 받은 한국과 대만이지만, 현재 일본에 대한 감정에서 현격한 차이가 생긴 이유를 살펴보았다. 실제 이번 체류 기간 중 어느 날 중화로라는 큰길을 걷다가, 한쪽 인도의 큰 벽면에서 놀라운 장면을 목격했다. '대만 역사 풍모 조회臺灣 歷史 風貌 雕繪'라는 제목으로 17세기 네덜란드 지배 이후부터 지금까지 대만의 역사에서 발전의 계기가 된 중요한 장면들을 작품으로 만들어 상설 전시해놓은 곳이었다. 그런데 내용의 상당 부분이, 여전히 위풍당당한 모습으로 대만 총통부 건물로 사용되고 있는 과거 대만총독부 청사 등 일제 식민지 시절의 건축 업적들이었다. 특히 '대만의 7대 클래식 기차역 건축'이라는 소제목으로 일본인이 지어놓은 기차역들을 자랑스럽게 나열해놓은 것을 보고 깜짝 놀랄 수밖에 없었다. 우리나라라면 감히 상상조차 하지 못할 시도이기 때문이다. 이외에도 대만에는 일본 통치 시대의 흔적이 곳곳에 남아 있는 것을 볼 수 있다. 오래된 일제시대의 가옥들도 아직까지 시내 중심부에서 만날 수 있을 정도다.

대만지하가臺灣地下街는 타이베이 기차역에서 시작되어 무려 다섯 개의 인근 지하철까지 연결되는 거대한 지하상가로 매일 수많은 방문객이 찾는 곳이다. 그런데 내가 방문했을 때, 지하상가의 출입구 중 하나의 벽면에는 일본풍이 완연한 벽화가 여럿 전시되어 있었다. 더구나 바로 옆에는 일본식으로 소원을 비는 에마繪馬와 탄자쿠短冊도 함께 놓여 있었다. 우리나라 사람들 입장에서는 입이 벌어질 수밖에 없다. 현재 대만 어디에서나 볼 수 있는 편의점의 양대산맥인 세븐일레븐과 패밀리마트도 일본 기업이고 백화점도 주종이 일본 계열이다. 우리나라에서도 일본식 가게를 쉽게 만날 수 있지만, 대만에서는 그 종류와 숫자가 우리와는 차원이 다르다.

한편 대만에서 실질적인 대사관 업무를 담당하고 있는 일본대만교류협회에서는 정기적으로 대만인의 선호국가와 국가 친밀도 등을 알아보는 여론조사를 현지 전문 여론조사기관에 의뢰하여 시행하고 있다. 2022년에 20세 이상 성인 1,068명을 대상으로 전화나 온라인 조사로 실시한 통계에 의하면 좋아하는 국가로 무려 60%의 응답자가 일본을 꼽았고 중국, 미국이 각각 5%와 4%로 멀찌감치 2, 3위를 차지했다. 가까워져야 할 나라로도 일본이 46%로 1위였고 미국, 중국이 각각 24%와 15%였다. 국가 신뢰도 역시 일본이 60%로 압도적인 1위였다. 2008년에 시작하여 일곱 번째인 이 조사에서 일본은 국가 선호도 기록을 역대 최고로 갱신하고 있다. 우리로서는 정말 놀라운 일이지만, 이 모든 것에는 앞서 설명한 역사적 배경이 있다는 것을 알면 대만의 현재 상황을 이해하는 데 큰 도움이 될 것이다.

4년간 4개국 어학연수에서
거둔 유종의 미

2023년 8월 말 드디어 4년간에 걸친 4개국 어학연수의 대단원이 막이 내렸다. 2020년 페루 리마에서의 스페인어 연수, 2021년 툴루즈에서의 프랑스어 연수, 2022년 도쿄에서의 일본어 연수에 이어 2023년 대만에서의 마지막 중국어 연수까지 마치고 나니 감회가 더욱 새로울 수밖에 없었다.

그동안 봄학기와 여름 학기, 2학기에 걸쳐 세계 여러 나라에서 온 학생들과 함께 공부할 수 있었다. 복도에서 만나는 학생들의 국적은 더욱 다양해 보였다. 그래서 개인적인 호기심으로 여름 학기에 등록한 학생 1,260명의 명단을 토대로 국적을 일일이 조사

해봤다.

국가별 상위 순위는 일본이 241명으로 약 19%, 태국이 214명으로 약 17%를 차지했고 이어서 베트남(118)과 미국(119)이 각각 약 9% 그리고 인도네시아(105)가 8% 정도였다. 우리나라 학생은 내 예상보다 적은 69명으로 약 5.5%의 점유율밖에 되지 않았다. 이 중 태국, 베트남, 인도네시아 3국 사람들은 어학연수도 많이 왔지만, 외국인 노동자로도 대만에서 많이 일하고 있었다. 흥미롭게도 인구가 많은 동남아 국가 중에서 말레이시아는 노동자뿐 아니라 유학생도 거의 없었다. 대만에 오는 노동자가 없는 이유는 바로 옆에 싱가포르라는 좋은 조건의 노동시장이 있기 때문이고, 어학연수생의 경우는 유학을 할 만한 경제적 여건이 되는 화교 출신들은 이미 중국어에 능통하기 때문이다.

반면 인도네시아 유학생도 거의 모두가 화교 출신이지만 말레이시아 화교와 달리 중국어를 제대로 하지 못해 어학연수를 하러 온 것이다. 여기에는 역사적으로 아픈 배경이 있다. 인도네시아 화교는 전체 인구의 3~3.5%에 지나지 않지만, 압도적인 경제적 우위를 점하고 있다. 그러나 인도네시아 정부가 독립 이후 국민 동화정책의 일환으로 화교가 중국어를 일절 사용하지 못하도록 강제했기 때문에 젊은 층에서는 중국어를 할 수 있는 사람이 거의 없어지다시피 했다. 이후 강력한 반중국 정책을 펼쳤던 수하르토 독재정권이 무너지면서 규제도 풀리고 중국과의 경제 교류가 점점 늘어나 많은 화교 젊은이들이 중국어를 배우기 위해 중국과 대만으로 가게 되었다. 현재 대만에 와 있는 인도네시아인의 경우 노동시장에서는 원주민 출신이, 어학원에서는 경제력 있는 화교 출신이 주축을 이루고 있다. 화교 출신과 비화교 원주민 사이의 감정은 여전히 좋지 않다고 한다.

그 외에 영국, 프랑스, 독일 등도 각각 스무 명 전후의 유학생이 있었고 러시아, 중국 국적자도 열 명 이상 있는 것이 눈에 띄었다. 미국과 유럽 학생의 경우 최근 중국과의 관계가 좋지 않아지면서 수가 증가했다고 한다. 중국 국적자가 있는 것이 상당히 뜻밖이었지만, 알고 보니 다 특수한 경우였다. 예를 들면, 아버지가 아일랜드인이고 어머니가 대만인인데 현재 거주지가 홍콩이어서 중국 국적자로 등록된 학생이 있었다. 또 다른 예로는 아버지가 미국인이고 어머니가 중국인인데 태어나기는 일본에서 태어났고 현 거주지는 중국 상해인 경우도 있었다.

특이한 것은, 국제사회에 대한 중국의 강한 압박으로 인해 대만이 처해 있는 특별한 외교상의 문제 때문에 그나마 수교 관계에 있는 소국小國에서 온 유학생들이었다. 현재 대만은 2023년 3월 말에 온두라스가 그리고 2024년 1월 태평양의 섬나라인 나우루가 중국 수교 및 대만 단교를 공식화하면서, 공식 수교국이 12개국만 남았다. 유럽에서는 교황청(바티칸)이 유일하고, 이외에 벨리즈, 에스와티니, 과테말라, 아이티, 파라과이, 팔라우, 마셜제도, 세인트키츠네비스, 세인트루시아, 세인트빈센트 그레나딘, 투발루 등이다. 대만에서는 이들 국가 출신들을 정책적으로 어학연수생으로 유치하고 있는데, 이번 학기에도 과테말라, 벨리즈, 세인트빈센트 그레나딘, 마셜제도 등에서 온 학생이 있었다. 온두라스는 비록 대만과 단교는 했지만, 그전에 와 있던 세 명의 학생이 등록해 있었다.

대만사범대에서의 학생 평가도 흥미로웠다. 여태껏 3년간의 어학연수에서 어학원 내 최상급 반 진입과 그 사실을 증명하는 수료증 외에는 더 이상의 증빙서류는 없었다. 시험성적과 출석 결과는 담당 강사로부터 비공식적으로 통보를 받는 형식이었다. 그런데 사범대 어학당은 오랜 역사를 지닌 권위 있는 대학 부설기관임을 나타내듯 출결 사항과 성적을 해당 학생이 언제든지 출력해 확인할 수 있게 해주었다. 건물 6층에 있는 컴퓨터에 본인의 학번만 입력하면 3개월 단위의 한 학기가 1개월 단위로 분리되어 성적과 출결 사항이 바로 프린트되어 나왔다.

출력을 해보니 출석도 완벽했지만, 성적도 최상이었다. 봄학기의 양안차이면면관 과목은 1개월 단위로 93-93-92.5점의 성적이었고 여름 학기인 종횡천하사에서는 95-95-95점으로 단연 수위였다. 필자 이외에 개근을 기록한 다른 학생은 없었다. 근접할 정도의 출석률 자체가 아예 없었다. 70에 가까운 나이에 스페인어, 프랑스어, 일본어 연수에 이은 또 하나의 성과로, 4개국 어학연수라는 대장정을 시작하기 전에 세운 목표를 마침내 이루었다는 생각이 들었다. 문득 생각해본다. 푸르른 젊음이라는 자연이 준 선물은 이미 내 손을 떠난 지 오래지만, 노력과 성과 그리고 보람이라는 과정을 통해 아름다운 노년이라는 인생의 조각품은 스스로 만들어가고 있다고.

대만의 5가지 독특한 거리 풍경

연수지인 대만의 수도 타이베이의 전체적인 겉모습은 서울과 큰 차이가 없어 보였다. 굳이 차이라면 도시 규모가 작은 만큼(서울 크기의 절반에도 못 미친다), 덜 번잡하면서 그다지 번화한 느낌도 없다는 점이었다. 그런데 체류 기간이 조금 길어지면서 유심히 주위를 살펴보니 서울과는 상당한 차이를 보이는 타이베이 특유의 모습이 눈에 들어오기 시작했다. 그런 흥미로운 풍경 중 다섯 가지를 간추려 소개한다.

무더위와 비를 막아주는 긴 회랑, 치로우

대만의 견디기 힘든 여름 더위 속에서 그늘진 긴 회랑으로 연결된 건물 구조는 정말 큰 위안이었다. 도심 곳곳에서 쉽게 볼 수 있는 회랑은 '치로우 騎樓'라고 불리는데, 상가가 있는 1층 회랑 구조물 위에 2층부터의 주거 건물이 올라타듯이騎 위치한 건물樓이라 하여 붙은 이름이다. 치로우는 대만의 뜨거운 여름 햇빛을 막아줄 뿐 아니라 갑작스레 쏟아지는 소나기를 피하게 해주는 역할도 한다.

치로우는 원래 18세기에 인도를 점령한 영국이 현지의 폭염에서 벗어나고자 만든 건축 구조인데, 더위가 심한 광주, 홍콩 등의 중국 남부 지역에도 그 양식이 전파되었다. 그 후 대만에서 가까운 푸젠성 등 중국 남부의 상인들이 대거 대만에 진출하면서 다양한 신상품, 신기술과 함께 회랑식 건축 양식도 대만에 들어왔다. 대만은 지역에 따라 당시 이주한 중국인들의 출신 도시도 달랐기 때문에 회랑 구조도 조금씩 차이를 보인다. 이후 일제 시절에는 당시 일본 건축 양식도 회랑의 모습에 영향을 미쳤으며, 이후 이어진 국민당 정부 시절에는 새로운 서양식 건축 기법이 가미되기도 했다.

입이 절로 벌어지는 거리의 오토바이 행렬

대만을 처음 방문하는 사람이 무척 인상 깊게 여기는 것 중 하나가 거리의 오토바이(정확하게는 스쿠터) 행렬이다. 특히 출퇴근 시간에 도로를 가득 메운 오토바이를 보면 놀라지 않을 수가 없다. 고가도로에서 한꺼번에 쏟아지듯이 내려올 때는 마치 폭포수를 보는 느낌마저 든다. 신호가 풀리면 굉음과 함께 한꺼번에 질주하는 모습도 대단하지만, 작은 골목 어디서나 갑자기 나타나 사람을 놀라게 할 때도 많다. 최근에는 전기 오토바이의 사용을 권장하여, 환경 오염을 방지하면서 소음 발생 문제를 해소하려는 움직임도 있으나 아직은 시간이 필요한 것으로 생각된다. 2022년 10월의 한 통계에 의하면 대만의 자동차 등록대수가 843만 대인 데 비해 오토바이 수는 무려 1,438만 대라고 한다. 대만 인구를 2,390만 명 정도로 계산하면 국민의 약 60%가 오토바이를 한 대씩 가지고 있다는 이야기가 된다.

대만에 이렇게 오토바이가 많은 데는 몇 가지 이유가 있다. 첫째, 무엇보다도 기동성이 좋고, 구입 및 유지비가 싸다. 둘째, 오토바이 운행에 대한 인프라가 잘 되어 있다. 거리 곳곳에 전용 주차시설이 있고 도로에도 전용 차선이 있다. 셋째, 대만의 대부분 인구가 서쪽 평야 지역에 살고 있어, 150cc 이하의 작은 오토바이로도 장, 단거리 이동에 아무런 문제가 없다. 넷째, 도로에 눈이 쌓이거나 빙판이 생길 가능성이 전혀 없어 1년 내내 안전하게 운행할 수 있다. 다섯 번째는 승용차를 유지하려면 차고가 있어야 하는데 차고가 있는 비싼 집을 구하기가 현실적으로 어려워 부득이 대체 수단으로 오토바이를 이용하는 경우가 많기 때문이다. 마지막 여섯 번째, 대만인에게 오토바이라는 교통수단이 오랫동안 몸속에 스며들어 일종의 문화가 되었다는 것도 중요한 이유다.

아름다운 음악과 함께 시작되는 쓰레기 수거

대만 거리의 독특한 풍경에서 빼놓을 수 없는 것이 특유의 음악과 함께 시내를 순회하는 쓰레기차의 모습이다. 쓰레기차가 특별할 것이 무엇이 있느냐고 반문할 수 있겠지만 특이한 점은 바로 쓰레기 수거 방식에 있다. 우리나라처럼 쓰레기차가 어떤 장소에 쌓인 쓰레기를 수거해 가지 않고 사람들이 각자 쓰레기봉투를 들고 기다리고 있다가 쓰레기차가 나타나면 직접 차 안으로 던져 넣어야 한다. 일반 쓰레기용의 노란색 차와 재활용 쓰레기용의 흰색 차가 쌍을 이루어 움직인다. 운행 시간이 정해져 있긴 하지만 주민들에게 상기시키기 위해 음악을 틀면서 등장하는데, 가장 많이 사용하는 곡이 베토벤의 <엘리제를 위하여>와 봉다제프스카의 <소녀의 기도>다. 적지 않은 사람이 이 곡들을 들을 때마다 조건반사적으로 쓰레기를 떠올릴 정도다.

각박한 현대 도시에서 함께 거리에 나와 쓰레기차를 기다리고 버리는 동안은 동네 주민끼리 자연스럽게 얼굴을 익히고 대화를 나누는 귀한 시간이 되기도 한다. 다만 엘리베이터가 있는 고층건물에는 관리 시스템이 따로 있어서 입주자들이 자체 쓰레기통에 쓰레기를 넣어두면 관리인이 대신 버려준다. 일반 주택가에서도 일정한 돈을 내면 각 가정의 쓰레기를 수거해 대신 쓰레기차에 버려주는 대행업자가 있다.

도심 곳곳에 스며 있는 종교 시설, 도교 사원

대만에도 우리나라처럼 도심에 교회와 성당이 없는 것은 아니지만, 훨씬 더 빈번히 보이는 종교시설은 도교 사원이다. 우리나라의 대형 교회를 능가하는 상당히 큰 규모의 사원이 있는가 하면, 도심의 골목 주택가 사이에 마치 구멍가게처럼 끼어 있는 작은 사원도 있다. 그만큼 대만 사람들의 일상생활 속에 깊숙이 자리 잡고 있다는 의미도 되고, 영리성이 크다는 의미도 될 것이다. 도교는 고대 중국에서 발생한 민속 종교로, 신선 사상에 전통적인 민간신앙과 도가철학이 더해지고, 다시 불교의 영향을 받아 만들어졌다. 대만 도교에서 모시는 신들은 매우 잡다하다. 시대에 따라 새로 생기기도 하고 없어지기도 할 뿐 아니라 지역이나 사원에 따라 믿는 신이 다 다르다. 부처는 기본이고 심지어 예수를 모시는 곳도 있다. 어쩌면 이런 유연성과 포용력이 오랫동안 일반 민중의 호응을 얻을 수 있었던 원동력이었을지도 모른다.

대만의 도교 사원에서 가장 유명한 신은 마조 媽祖로 천상성모 天上聖母라고도 불린다. 마조는 중국의 민간 전설에 등장하는 바다의 여신으로 항해하는 사람을 돌보는 신통력을 지녔다고 전해지는데, 북송 시절 실존 인물에 바탕을 두고 있다. 대만에는 인근 푸젠성 출신들에 의해 전파되었는데, 당시 무역으로 생계를 도모하던 이들은 위험한 바다에서의 안전을 바라면서 마조를 항해의 보호신으로 적극적으로 모셨다. 마조 이외에 《삼국지연의》로 우리에게도 잘 알려진 관우를 모시는 사원도 적지 않다. 관우는 충직한 무장으로서뿐 아니라 주판을 최초로 발명했다는 설이 있을 정도로 상업의 신으로도 알려져 재운을 비는 사람들에게 신앙의 대상이 되고 있다.

대만의 인기 기호품을 파는, 빈랑 전문점

타이베이의 밤거리를 거니노라면 가끔 독특한 모양을 한 네온사인이 보인다. 바로 빈랑 檳榔을 파는 점포다. 물론 낮부터 영업하지만 찬란한 네온사인 때문에 특히 밤에 눈에 잘 띈다. 그나마 타이베이는 점포 수가 상대적으로 적은 편이고, 타이베이 근교나 남쪽 지방으로 갈수록 그 숫자가 상당히 많다고 한다. 빈랑은 빈랑나무의 열매를 말하는데, 빈랑나무는 높이가 25m 정도로 키가 큰 종려나뭇과의 상록 교목으로 원래는 말레이시아가 원산지이지만 대만에서도 널리 분포되어 자란다.

문제는 이 열매에 꽤 강한 각성 성분이 있다는 것이다. 대만에서는 오래전부터 빈랑

의 효능을 알고 있던 원주민들이 애용해왔는데, 1,000년 전의 유골 치아에서도 빈랑 성분이 검출될 정도라고 한다. 먹으면 강한 각성 효과와 함께 몸이 더워지는 느낌이 생기면서 심장 박동이 빨라지고 침이 나오면서 갈증이 사라진다. 이 때문에 택시 운전자나 장거리 화물 운전자 그리고 육체노동자들 사이에서 상당한 인기가 있다. 그러나 빈랑은 부작용도 적지 않은 식품이다. 열매를 씹으면 빨간색이 나오기 때문에, 침을 땅에 뱉으면 마치 피 같은 느낌이 들 정도로 미관상 문제가 있고, 오랫동안 사용하면 치아도 빨갛게 변색한다. 가장 무서운 것은 구강암 발생 가능성이다. 이 때문에 최근 들어 소비량이 전체적으로 줄어들고는 있지만 여전히 대만인의 중요한 기호식품으로 자리 잡고 있다.

대만 타이베이에서 맛봐야 할 3가지 음식

❶ 뉴로미엔(牛肉麵, 우육면)

소고기를 넣은 면요리인 뉴로미엔은 대만의 대표적
국민 요리 중 하나로, 이 음식의 인기에는 약간의
역사적 배경이 있다. 과거 국공내전에서 패배한
국민당 정부가 1949년 대만으로 건너오면서 많
은 대륙 사람이 같이 이주를 했다. 그 가운데 군대
주둔지인 남부 공군기지에서 근무하던 요리사 상당수가
사천 출신이었는데 이들이 고향의 음식인 '훙탕'에다 당시
미국에서 원조를 받은 밀가루를 면으로 만들고 소고기를 넣어 만든 것이 바로 사천
식 훙샤오뉴로미엔紅燒牛肉麵이었다. 이 음식은 당시 권촌이라고 불리던 기지촌의 주
요 메뉴가 되었고, 그 후 전국적으로 폭발적인 인기를 끌면서 오늘날 대만 우육면의
원조가 되었다. 우육면 중 가장 보편적인 것은 빨간색 국물의 훙샤오뉴로미엔이지
만, 칭둔 스타일로 개운하면서도 시원한 맛의 하얀 국물로 나오는 우육면도 있다.

❷ 따창바오샤오창(大腸包小腸)

따창바오샤오창은 이름 자체가 재미있다. 글자 그대로는
'큰창자에 싸인 작은창자'라는 의미인데, 불에 구워 익
힌 대만식 돼지 소시지를 찹쌀로 만든 더 큰 소시지 형태
의 외피로 둘러싼 음식을 말한다. 기본적으로 핫도그의 형
태이지만 외피는 빵이 아닌 찹쌀 소시지를 쓴 셈이다. 영어
로는 'Taiwanese Sausage with Sticky Rice' 또는 간단하게
'Taiwanese Hotdog'라고도 한다. 원래 대만 화련 지역의 객가인
이 일할 때 먹던 간식거리였는데 1990년대 들어 야시장을 통해 전파되면서 순식간
에 전국적인 인기 음식으로 자리 잡았다. 기본 형태는 어디서나 같지만 고객의 기호
에 맞추어 매운맛에 땅콩, 마늘, 와사비 맛까지 다양한 소스를 제공한다. 찹쌀의 쫄깃
한 식감과 소시지 특유의 깊은 돼지고기 맛에 소스가 주는 다양한 향이 어우러져 매

력적인 맛을 선사한다.

❸ 미엔시엔(麵線)

미엔시엔은 쌀과 밀가루를 섞어 만든 가는 면발의 국수를 의미한다. 영어로도 누들*noodle*이 아니라 가느다란 이탈리아식 국수인 버미첼리*vermicelli*로 번역된다. 두 가지 종류가 있는데, 따창 미엔시엔은 향신료와 간장에 대창을 넣고 푹 끓여 졸인 후 식혀서 면과 흑식초를 넣고 다시 끓여서 만든다. 대창 대신 굴을 넣어 만들면 '어아 미엔시엔'이 된다. '어아蚵仔'라는 한자는 굴이라는 뜻의 민남어다. 최근에는 대창과 굴을 한꺼번에 즐기고 싶어 하는 소비자를 위해 대부분 식당에서 두 재료를 함께 넣은 '따창어아 미엔시엔'도 팔고 있다. 보통 고수 또는 바질을 얹어준다.

7장

활기차고 의미 있는 생의 완성을 위하여

타고난 재능, 능력, 지력, 체력 그대로의 모습만으로 살고자 하면 구태여 노력이라는 이름으로 애를 쓰지 않아도 된다. 그러나 인생 여정에서의 의미 있는 전진을 위해서 또 때로는 퇴보를 막기 위해서는 백조 발의 움직임처럼 남모르는 노력이 필요하다는 것을 깨달아야 한다.

매일매일
잘 익어가는 사람

서두에서 파워 시니어의 개념에 관해 이야기했는데, 이 책에서 어학 공부와 그 마무리 과정인 어학연수에 대해 중점적으로 다루었다고 해서 파워 시니어로 가는 길에 그것만 있는 것은 아니다. 수많은 길 중 일례에 지나지 않는다. 그러나 그런 중에서도 몇 가지 변하지 않는 파워 시니어의 원칙과 정신은 다시 한번 되새겨볼 가치가 있다.

2017년 '욜로'라는 단어가 혜성처럼 등장해 강력한 해일처럼 우리 사회를 휩쓴 적이 있었다. 서양에서 꽤 오래전부터 있던 'You Only Live Once'라는 표현을 2011년 캐나다의 한 래퍼가 노래에서 '욜로 YOLO'라고 줄여 부른 이후 대중화되었다. 그런데 뒤늦은 2017년 갑자기 한국 사회의 뜨거운 유행어가 된 것은 그 전해에 〈꽃보다 청춘-아프리카편〉이라는 한 케이블TV 프로그램에서 어떤 출연자가 홀로 여행하는 금발의 외국인 여성에게 대단하다고 칭찬하자 그 여자가 '욜로'라고 대답한 것이 계기였다고 한다. 어쨌든 욜로의 등장 이후, 적지 않은 사람이 열광하며 사회적 일탈을 감행했다.

그러나 왜 '한 번밖에 없는 인생'이라고 하면 이렇게 자유분방한 일탈과 쾌락 추구와만 연관 짓는 것일까? 발상을 달리하여 한 번밖에 없는 인생이기 때문에 더 의미 있고 더 가치 있는 삶을 살아야 하지 않을까? 한 번밖에 살 수 없는 숙명이기에 오히려 더 진지하게 삶의 긴 노정을 알차게 계획해야 하지 않을까? 이런 생각이야말로 파워 시니어로 가는 길의 중요한 출발점이 될 것이다.

호수 위에 우아하게 떠 있는 백조의 자태는 물밑에서 쉴새 없이 움직이는 발의 존재 덕분이다. 그런데 사실 백조가 물 위에 그냥 떠 있기만 할 때는 발을 요란스럽게 움직일 필요가 없다. 속이 빈 뼈와 몸속의 공기주머니, 꼬리 근처에 있는 기름샘에서 분비되는 기름을 발라 방수 기능을 더한 깃털 등의 부력 장치가 있기 때문이다. 백조가 물밑에서 보이지 않는 발을 열심히 움직여야 할 때는, 앞으로 나아가거나 역류에 대항하여 자세를 유지할 때다. 언어 공부뿐 아니라 노력이 동반되어야 하는 세상 모든 일이 이와 같을지도 모른다. 타고난 재능, 능력, 지력, 체력 그대로의 모습만으로 살고자 하면 구태여 노력이라는 이름으로 애를 쓰지 않아도 된다. 그러나 인생 여정에서의 의미 있는 전진을 위해서 또 때로는 퇴보를 막기 위해서는 백조 발의 움직임처럼 남모르는 노력이 필요하다는 것을 깨달아야 한다.

2015년 미국의 언어 심리학자인 리차드 로버츠와 로저 크루즈가 출판한《Becoming Fluent》는 성인의 외국어 공부에 관한 내용을 다룬 책이다. 우리나라에서는 국내 독자의 취향에 부합하기 위해서인지《서른, 외국어를 다시 시작하다》라는 약간 엉뚱한 제목으로 번역 출간되었다. 책의 서두에 이런 말이 나온다. 주위에서 외국어를 능통하게 구사하는 사람을 보면, 언어 재능을 타고났다고 흔히 생각한다. 그 정도로 외국어를 구사하기까지 그 사람이 얼마나 많은 노력을 기울였는지 알지 못하기 때문이다. 하지만 성인이 되어 외국어 공부를 시작한 사람 대부분은 거의 다 엄청난 노력을 통해 그 같은 성과를 얻었다.

또 르네상스 시대의 천재 예술가인 미켈란젤로는 다음과 같이 말했다. "내가 이 경지에 오르기까지 얼마나 열심히 노력했는지 사람들이 안다면 결코 멋지다고는 말하지 못할 것이다." 이렇게 노력과 꾸준함으로 자신의 인생을 일구는 정신이야말로 파워 시니어로 가는 길의 든든한 버팀목이 될 것이다.

세상에 존재하는 수많은 종류의 술 중에서 고급품을 따지는 가장 중요한 기준은 술의 숙성에 있다. 숙성 과정을 거쳤느냐 거치지 않았느냐, 또 얼마간 어떤 식으로 거쳤느냐에 따라 고급술의 여부가 결정된다는 뜻이다. 세계적으로 숙성 과정을 반드시 거치는 술 중에서 가장 대표적이면서도 유명한 술로는 위스키와 코냑이 있다.

그런데 이런 술도 발효와 증류 과정만을 마쳤을 때는 우리가 아는 위스키와 코냑과는 거리가 멀다. 단순한 투명한 색깔에 거친 느낌이 나는 풋내기 술에 지나지 않는다. 이 세련되지 못한 바탕 술을 오크와 같은 나무통 속에서 짧게는 수년간 길게는 수십 년간 담아서 숙성해야만 진정한 명품 술로 변한다. 숙성 과정에서 거친 나무 표면으로부터 끊임없는 자극과 상처를 받아가며 그 진정한 맛과 깊이를 더해가는 것이다. 마치 술에 세월의 풍상을 겪게 하는 것과 같다.

어떻게 생각하면 우리네 인생과도 전혀 다를 바가 없다. 까칠한 나무통은 바로 우리가 매일같이 일상생활을 해나가고 있는 사회와 다를 것이 없다. 오래 숙성된 술은 인생의 온갖 단맛, 쓴맛을 맛보아가며 인생의 깊은 뜻을 이윽고 체득한 중장년이나 원숙한 노인과 같은 셈이다. 그런데 이들 술은 나무통의 좋은 향과 오묘한 풍취를 받아들이면서 매력적인 호박색과 함께 진정한 깊은 맛을 지니게 되는 동안에, 정작 자신은 세월의 풍상 속에 어쩔 수 없이 몸이 점점 오그라드는 것을 경험한다. 이른바 증발현상이다.

이 또한 우리네 인생과 다를 바가 없다. 시간이 가면서 술이 저절로 증발하듯이 우리 몸도 자연스럽게 약해지고 늙어가기 마련이다. 결국 잘 숙성된 명품 술과 같은 깊고 품격 있는 맛에 대한 자부심을 잃지 않는 가운데, 또 다른 각도에서 육체적 쇠퇴에 대한 정신적 수용 태도를 가다듬어볼 필요가 있다. 그런 마음가짐이야말로 파워 시니어로 가는 길의 생명수요 감로주가 되어줄 것이기 때문이다.

갈 길이 멀다는 것이
오히려 위로가 된다

2003년 가벼운 마음으로 일본어 공부를 처음 시작할 때만 해도 외국어 공부가 이렇게까지 확대되어 이어질 줄은 상상조차 하지 못했다. 그야말로 운명의 힘이 아니고서는 이런 힘들고 긴 취미생활의 여정을 소화해내지 못했을 것이다. 어쨌든 이제 그 긴 여정의 마무리 단계라고도 볼 수 있는 4년간 4개국 어학연수까지 무사히 마쳤다. 그 기간 과연 '무엇을 느끼고 무엇을 얻었는가'에 대해서 진지하게 생각을 정리해볼 시점에 온 것이다.

어학연수의 목적은 당연히 어학능력의 향상에 있다. 배우고자 하는 외국어가 일상적으로 사용되는 현장에서 온종일 몰입 상태에서 공부를 하면, 엉뚱한 일탈을 하지 않는 이상 누구나 획기적인 실력 향상을 기대할 수 있다. 나 역시도 성과의 척도를 정확한 숫자로는 나타낼 수 없겠지만 어학능력에 많은 진전이 있었음을 느낀다. 무엇보다도 언어의 본질이라고 말할 수 있는 회화 부분에서 다양하고 구체적인 경험을 한 것이 큰 자산으로 생각된다.

'천리를 보기 위해선 누각을 한 층 더 올라야 한다'라는 표현이 있다. 당나라 시인인 왕지환이 쓴 〈등관작루登鸛雀樓〉의 한 구절이다. 이루고 싶은 목표가 있다면 한 단계 더 올라서야 한다는 의미로, 박근혜 전 대통령이 중국을 방문했을 때 시진핑 주석이 이 시가 적힌 서예작품을 선물한 것으로도 유명하다. 이번 어학연수 여정도 개인적으로 누각을 한 층 더 오르는 과정이었던 셈이었고, 높이 오른 만큼 더 많은 것을 보고 더 많은 것을 배웠다. 그렇지만 진짜 공부는 지금부터라고 생각한다. 많은 시간과 돈을 들였던 어학연수의 성과도 앞으로 자칫 노력을 게을리하면 속절없는 망각의 늪에 빠지는 가혹한 현실에 직면할 수밖에 없기 때문이다.

흔히들 영어 정복, 일본어 정복 등 언어 공부에서 정복이라는 말을 즐겨 쓴다. 단어의 강렬함을 생각할 때 상업적인 용도로 사용하는 것은 이해가 되지만, 언어 공부의 특성상 사실은 맞지 않는 이야기다. 언어 공부는 한번 정상에 깃발을 꽂고 돌아오면 계속 그 산을 정복한 것으로 인정받는 고산 등반과는 다른 영역이기 때문이다. 고산 정복의 성과와 추억은 고정불변으로 영원하지만,

외국어 정복의 성과와 추억은 유동적이고 일시적이다. 이런 측면에서 볼 때, 4개국 어학연수를 마친 이 시점이 오히려 가장 중요한 때라고 생각하고 있다. 표면적으로는 지난 20년간에 걸친 제2외국어 공부의 긴 여정을 마무리 짓는 중요한 이벤트였지만, 앞서 말한 대로 히말라야 8,000미터 14좌 완등을 마치고 온 등반가와는 상황이 전혀 다르기 때문이다.

사실 언어라는 것은 모국어가 아닌 한, 일정 기간 사용하지 않으면 필연적으로 망각의 늪에 빠질 수밖에 없다. 심하게는 모국어조차도 마찬가지인데 하물며 외국어 공부는 일시 중단하면, 마치 트레드밀에 그냥 서 있었던 것처럼 점점 뒤로 밀려나는 상태가 된다. 그 후 공부를 재개하더라도 중단 시점의 위치에서 다시 출발할 수가 없는 것이다. 중단한 기간이 어느 정도 지나면 머릿속에는 오직 한때 외국어 공부를 했었다는 희미한 추억뿐이고 애써 만들어놓은 그동안의 성과는 물거품처럼 허무하게 사라지고 만다.

이번 어학연수 과정에서 개인적으로 가장 자랑스럽게 생각하는 것은, 출발하기 전에 나 자신에게 약속한 다섯 가지를 모두 충실히 지켰다는 점이다. 누가 감시하지도 않았고 약속을 어긴다고 추궁할 사람도 없었다. 스스로만 알고 스스로에게만 속박되는 약속이었기 때문이었다. 그러나 주위의 시선과 전혀 관계없이 지난 4년 동안 나 자신에게 한 약속을 충실히 지키려고 노력했고 결과적으로 모두 이루었다. 물론 누군가와 공개적으로 한 약속이 아니기 때문에 특별한 평가를 받을 것도 아니고 약속 이행에 따른 외부적인 보상이 있는 것도 아니다. 그런데 왜 약속을 지키려고 애를 썼는가? 이유는 간단하다. 나 자신에게 한 약속도 남에게 한 약속만큼 중요하다고 평소에 믿고 있었기 때문이다. 4년간 자신과의 약속을 지키면서 자신과의 싸움에서 승리하고 바라는 성과를 성취한 지금이, 세상 그 어떤 영웅도 부럽지 않은 나 자신의 영웅이 된 순간이 아니겠는가!

그동안 보람이 컸던 만큼 어려움도 당연히 적지 않았다. 가장 피부에 와닿았던 문제는 역시 나이였다. 사실 어른이 되면 외국어 배우기가 점점 어려워진다는 것은 주지의 사실이다. 나 역시 이번의 장기간 어학연수에서 마치 나이를 잊은 듯한 열정으로 열심히 공부에 임했지만, 이른바 '현타'가 오는 순간을 수시로 맞이했다. 나이는 역시 나이일 수밖에 없다는 새삼스러운 깨달음이었다. 무엇보다도 과거 젊을 때에 비해 떨어진 기억력을 절감했다. 물론 여전히 웬만한 젊은 학생들 못지않다는 평가를 받곤 했지만, 이전에는 두어 번 외우면 될 것을 세 번, 다섯 번 심지어 열 번을 반복해야 한다는 것을 스스로 뼈저리게 느꼈다. '돌아서면 잊어버린다'는 말도 점점 실감이 되었다. 집중력의 저하도 큰 문제였다. 어학원에서 수많은 평가와 시험을 치르는 동안 점점 집중력이 흐트러지면서 '에이, 될 대로 돼라' 하는 심적 상태가 되기 일쑤였다. 나중에는 눈까지 침침해지려고 하니 '아, 이것이 바로 나이가 들었다는 것이구나' 하고 자인하지 않을 수가 없었다. 어학원에서 돌아와 숙소에서 복습과 예습을 할 때도 30~40분 이상 집중하기 힘들 때가 많았다.

그러면 도대체 어떻게 해야 한단 말인가? 뾰족한 묘책이나 비법이랄 수는 없지만, 기억력 감퇴의 해결책으로는 여러 차례 반복을 마다하지 않는 마음가짐을 갖도록 애를 썼다. 기억력 감퇴만큼 시간을 더 들여 반복 공부를 함으로써 이를 만회하려고 노력했다고 보면 된다. 질이 떨어지면 양으로라도 승부를 걸어야 하지 않겠는가! 집중력 저하 문제는 정신 무장으로 대처해나갔다. 세월의 흐름을 막을 수도 없고 맞설 수도 없지만, 현실적인 어려움에 크게 연연하지 않고 그동안의 인생 경험을 바탕으로 여유를 갖고 '까짓것 집중력이 좀 떨어졌다고 한들 큰 흐름에는 무슨 걸림돌이 되겠는가!'라고 생각하며 힘을 냈다. 그리고 어쨌든 '오늘이 내 남은 생애에서 가장 젊은 날이다'라고 되새기며, 지금이야말로 새롭게 시작하고 도전할 최적기라고 마음을 다잡아나갔다.

결국 시니어의 공부 성패는 드러나는 눈앞의 어려움에 결코 주눅 들지 않고 인생의 오랜 경험을 바탕으로 '계속해나가면 언젠가는 이루어진다'라는 정신을 마음에 제대로 담는 데서 결정될 것이다. 이 글을 쓰는 지금도 그동안 어학연수를 진행한 4개국어 모두에서 여전히 실력은 부족하고 갈 길이 멀다는 것을 느낀다. 앞으로 남은 과제라면 스페인어, 프랑스어, 일본어, 중국어 각각의 언어 영역에서 연수 당시 경험한 최고의 레벨을 유지하는 동시에 조금 더 정진하는 것이다. 그리고 그 과정을 통해 이제는 진정한 의미에서 외국어 공부를 즐기면서, 앞으로의 삶을 윤택하게 만드는 중요한 도구이자 친구로 삼고 싶다. 갈 길이 멀다는 것도 오히려 큰 위안이다. 끝이 어디일지는 모르지만 걸어가야 할 길에서 푸른 나무와 맑은 새소리를 만나고, 마주치는 옹달샘에서는 보람과 가치라는 물이 샘솟을 것이라는 것만은 자신하기 때문이다.

나이대로 흘러가지 않고 죽는 날까지 나답게

언제나 나로 살아갈 수 있다면

1판 1쇄 인쇄 2024년 6월 19일
1판 1쇄 발행 2024년 6월 26일

지은이 김원곤
펴낸이 고병욱

기획편집실장 윤현주 **기획편집** 김경수 한희진
마케팅 이일권 함석영 황혜리 복다은
디자인 공희 백은주 **제작** 김기창 **관리** 주동은 **총무** 노재경 송민진 서대원
일러스트 박진영

펴낸곳 청림출판(주)
등록 제2023-000081호

본사 04799 서울시 성동구 아차산로17길 49 1009, 1010호 청림출판(주)
제2사옥 10881 경기도 파주시 회동길 173 청림아트스페이스
전화 02-546-4341 **팩스** 02-546-8053

홈페이지 www.chungrim.com **이메일** cr1@chungrim.com
인스타그램 @chungrimbooks **블로그** blog.naver.com/chungrimpub
페이스북 www.facebook.com/chungrimpub

ⓒ 김원곤, 2024

ISBN 978-89-352-1457-0 (03320)